Helga König

Basteln und Handarbeiten für Senioren

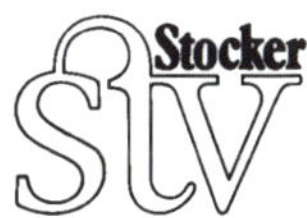

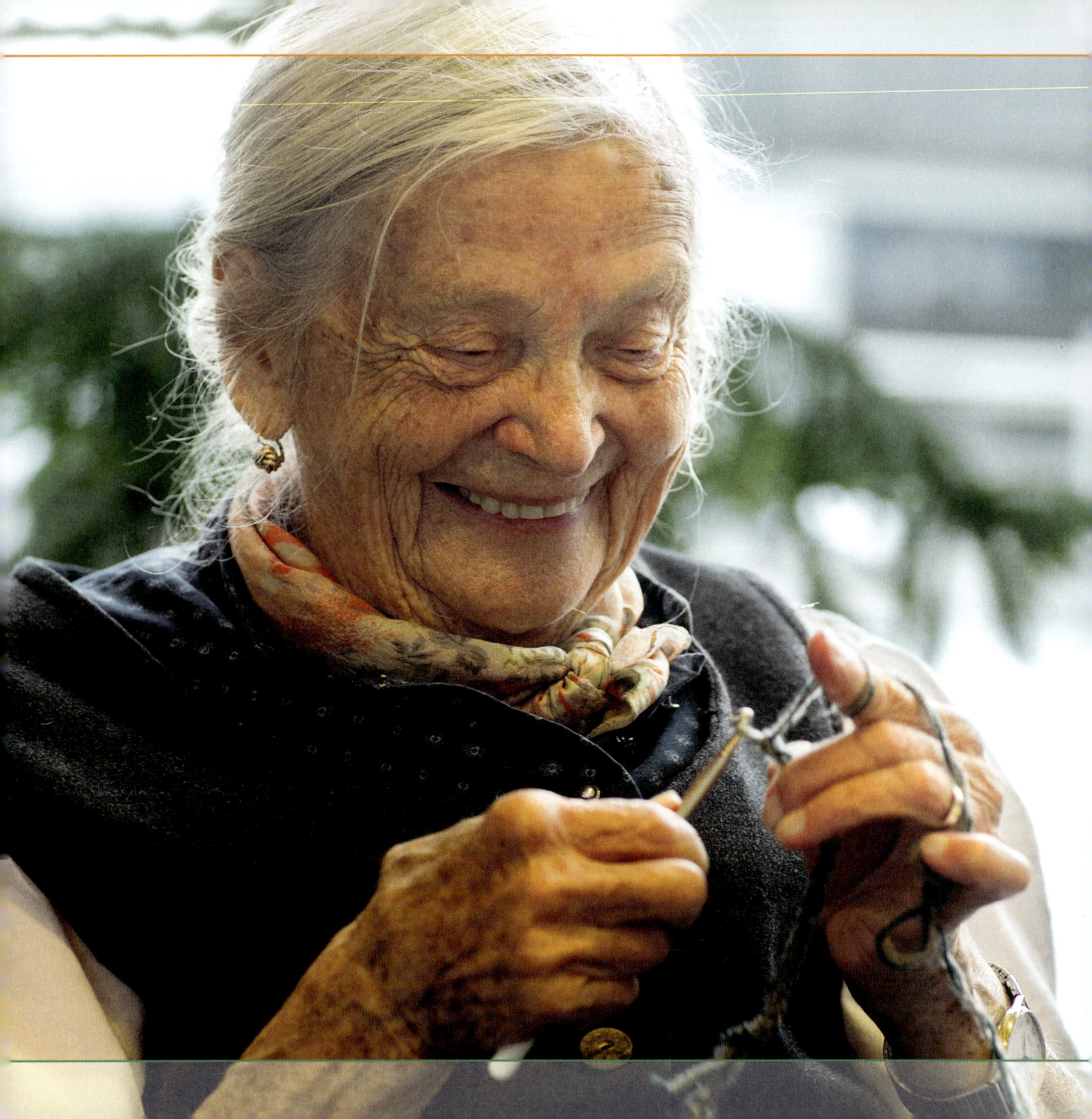

Helga König

Basteln und Handarbeiten für Senioren

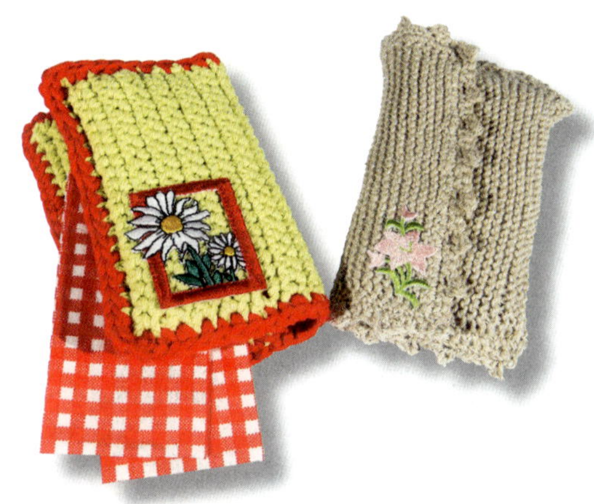

Leopold Stocker Verlag
Graz – Stuttgart

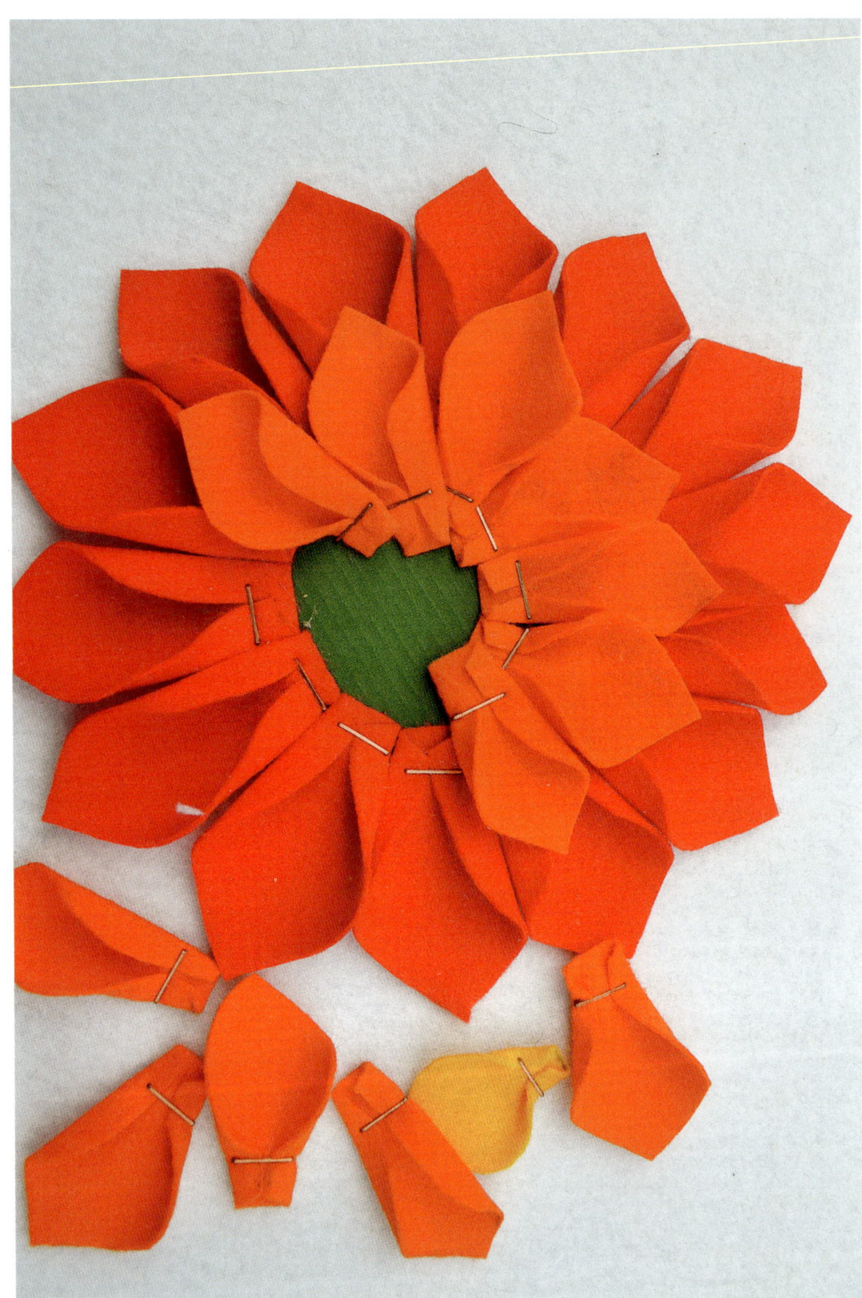

Umschlaggestaltung:
DSR Werbeagentur Rypka GmbH,
8143 Dobl/Graz, www.rypka.at
Titelbild: Ralf Tornow, digi-art, Bad Aussee

Bildnachweis:
Ralf Tornow, digi-art, Bad Aussee: S. 2, 3, 4, 6, 11 li, 12, 14, 15, 16, 17, 18, 19 o., 20 Mi., re., 21 li. o., Mi. u., re. u., 22, 23, 24 o., 25 o., 26, 27 re., 28, 29 u., 30, 31 o., 32, 33 re. o., 34 o., 35 o., 36 re. o., 37 re. o., 38, 39 o., 40 o., 41 o., 43, 44 o., 45 o., 46, 47, 48, 49, 50, 51, 52 o., 53 o., 54 re., 55, 56.
Die restlichen Fotos und Skizzen stammen dankenswerterweise von der Autorin.

Bibliografische Information der Deutschen Nationalbibliothek
Die Deutsche Nationalbibliothek verzeichnet diese Publikation in der Deutschen Nationalbibliografie; detaillierte bibliografische Daten sind im Internet unter http://dnb.d-nb.de abrufbar.

Hinweis: Dieses Buch wurde auf chlorfrei gebleichtem Papier gedruckt. Die zum Schutz vor Verschmutzung verwendete Einschweißfolie ist aus Polyethylen chlor- und schwefelfrei hergestellt. Diese umweltfreundliche Folie verhält sich grundwasserneutral, ist voll recyclingfähig und verbrennt in Müllverbrennungsanlagen völlig ungiftig.

Auf Wunsch senden wir Ihnen gerne kostenlos unser Verlagsverzeichnis zu:
Leopold Stocker Verlag GmbH
Hofgasse 5 / Postfach 438
A-8011 Graz
Tel.: +43 (0)316/82 16 36
Fax: +43 (0)316/83 56 12
E-Mail: stocker-verlag@stocker-verlag.com
www.stocker-verlag.com

ISBN 978-3-7020-1428-5

Layout und Repro:
DSR Werbeagentur Rypka GmbH,
8143 Dobl/Graz, www.rypka.at
Druck: Druckerei Theiss GmbH.,
A-9431 St. Stefan

Inhalt

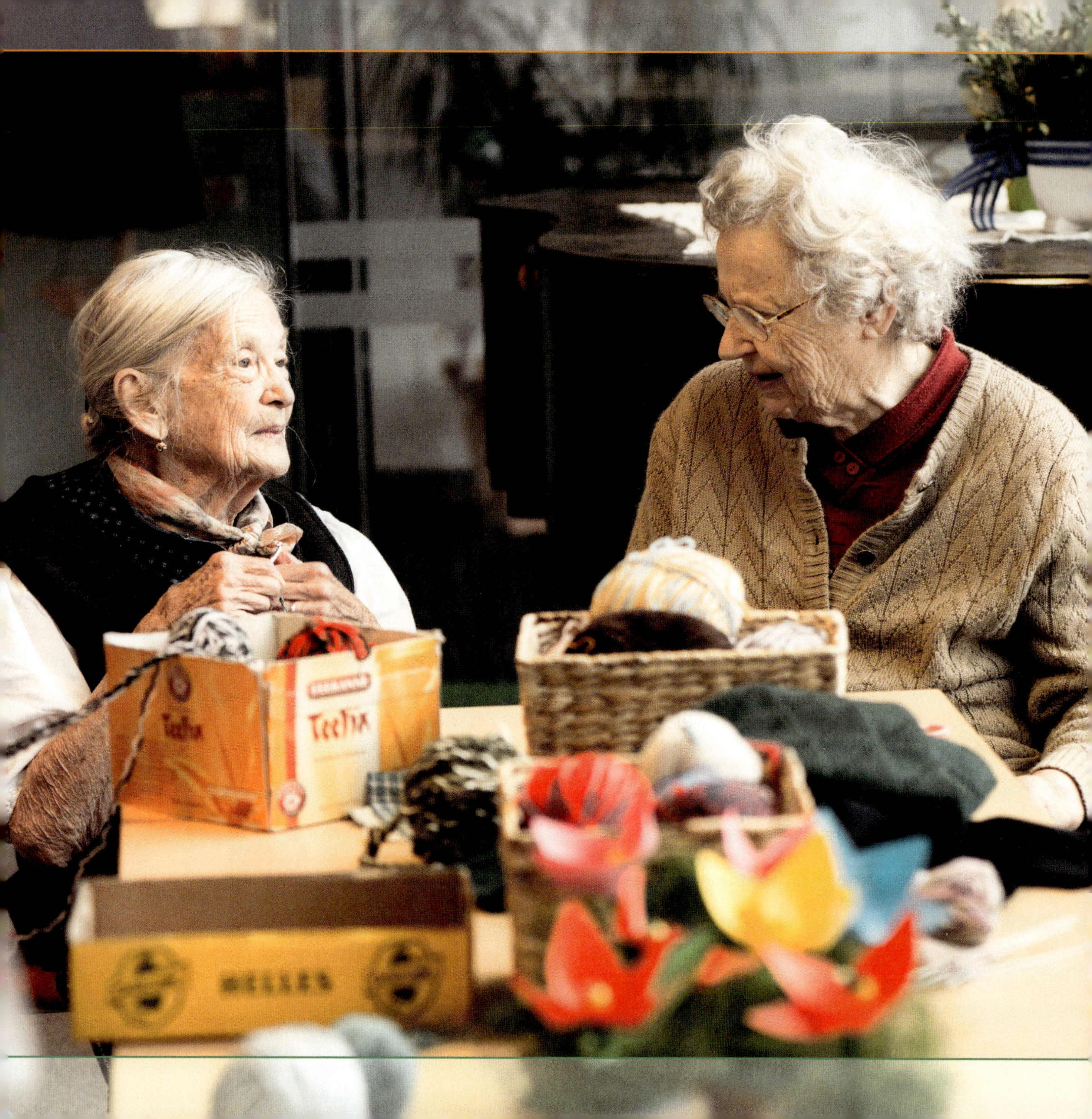
TeeFix

Vorwort

Als ich vor einiger Zeit das Ehrenamt übernahm, mit den Bewohnern im Seniorenwohnheim in unserem Wohnort zu basteln und zu handarbeiten, war mir nicht bewusst, wie reich ich durch diese Tätigkeit beschenkt werden würde. Die regelmäßige Begegnung, das Gespräch, aber auch der Erfahrungsaustausch mit den Bewohnern, wie gewisse „Sachen" früher gemacht wurden, waren und sind für mich eine große Bereicherung. Viele Senioren handarbeiten und basteln sehr gerne, können allerdings durch Einschränkungen beim Sehen und/oder der Motorik diese Dinge nicht mehr „wie früher" machen. Deshalb habe ich mich auf die Suche nach einfachen Projekten begeben, die Freude machen, aber auch Sinn haben.

Einige der beschriebenen Projekte eignen sich auch besonders gut dafür, auf Weihnachts- oder Ostermärkten verkauft zu werden.

Ich wünsche Ihnen viel Freude und viele schöne Erlebnisse beim Basteln und Handarbeiten!

Mit lieben Grüßen

Ihre
Helga König

Allgemeine Hinweise

Filzen mit Filzwolle

Strick- oder Häkel-Filzwolle

Im Handel wird eine eigene Filzwolle angeboten, die nach dem Verstricken oder Verhäkeln in der Waschmaschine gefilzt wird. Durch das Verfilzen verliert das Werkstück ca. 30–40 % seiner Größe. Aber auch viele andere Wollen verfilzen. Um auszuprobieren, welche Wollen dazu geeignet sind, ist es empfehlenswert, zuerst eine Filzprobe zu machen.

Das fertig gestrickte oder gehäkelte Projekt wird in der Waschmaschine mit ein paar Handtüchern (in ungefähr derselben Farbe!) bei 40 °C (Kurzprogramm reicht) verfilzt. Noch im nassen Zustand wird das Werkstück in die gewünschte Form gezogen (zur Formgebung zum Beispiel von Taschen stopfen Sie diese eventuell mit Handtüchern aus).

Spiralrunden

Als Spiralrunden bezeichnet man eine Häkeltechnik, bei der es keinen Rundenanfang und kein Rundenende gibt. Hierzu muss man beim ersten Übergang ein wenig „schummeln“ und einfach über den ursprünglichen Rundenanfang drüberhäkeln.

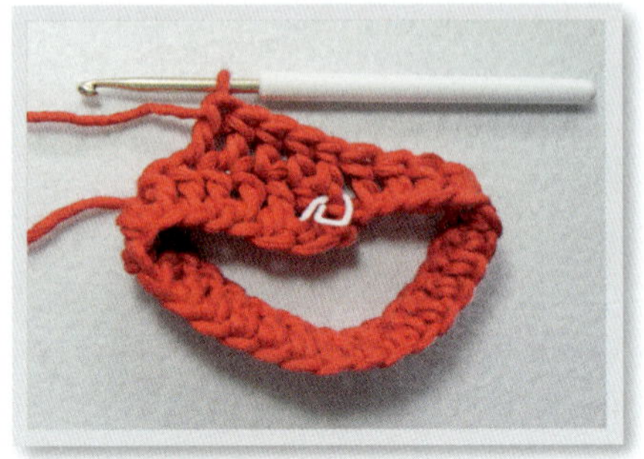

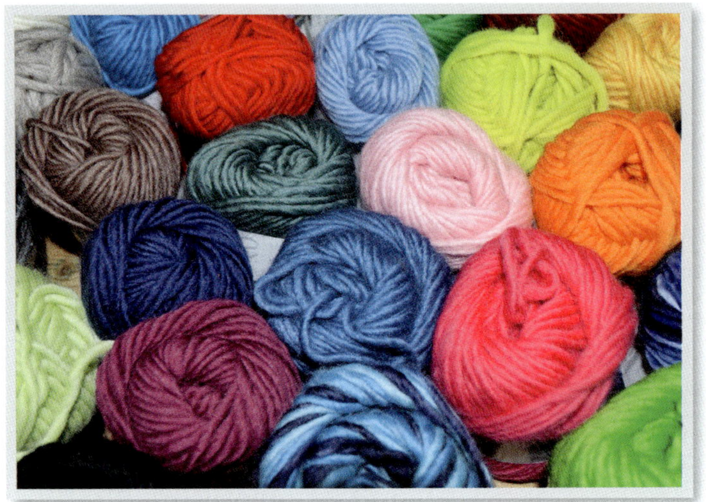

Material

Aus Erfahrung weiß ich, dass das Budget für den Kreativbereich (auch in Seniorenwohnheimen) oft sehr knapp bemessen ist. Sie können sich damit behelfen, in regionalen Medien um „Reste-Spenden" zu bitten. Wenn Sie dafür direkt mit dem Redakteur der lokalen Zeitung Kontakt aufnehmen, sind solche Anzeigen meist sogar kostenlos.

So, oder ähnlich könnte so eine Anzeige aussehen …

Wir suchen für unsere

Bastel- und Handarbeitsrunde

im Seniorenzentrum XYZ

Bastelmaterial und Wollreste

sowie handgestrickte oder handgehäkelte Teile,
die nicht mehr benötigt werden
(zum Auftrennen und Neuverarbeiten).
Sie können das Material direkt im Seniorenzentrum in der xxxxstraße
oder in xxxx abgeben.

Wolle

Wenn die Senioren schon Probleme mit den Augen hat, verwenden Sie bitte unbedingt **helle Wolle.** Die Wolle sollte gut gedreht und nicht zu dick sein. Die Wollstärke ist immer am Knäuel in Metern angegeben, wie z. B. 120 m/50 g sind die für Nadelstärke 3–3,5 geeignet.
Bei manchen Projekten in diesem Buch ist in der Materialliste auch die Wollstärke angegeben, damit Sie einen Anhaltspunkt für die Auswahl der geeigneten Wolle haben, ansonsten ist die Stärke egal.

Stoff

Verwenden sie helle, nicht fransende, dünne Stoffe aus Baumwolle oder Leinen.

Bastelmaterial

Alle angegebenen Materialien sind im Handel leicht erhältlich.

Für die **Naturmaterialien** gilt es, im Sommer und Herbst einen kleinen Vorrat anzulegen (nehmen Sie bei Spaziergängen in die Natur für den Fall, dass sie etwas Hübsches entdecken, immer eine kleine Stofftasche mit!).

Grundsätzlich wurde bei der Auswahl der Projekte darauf geachtet, dass der Materialverbrauch sehr gering gehalten ist oder die Werkstücke aus Resten gemacht werden können.

… auf das richtige Werkzeug kommt es an!

Nur mit gutem Werkzeug machen Handarbeiten und Basteln richtig Spaß

Scheren

Die Firma Fiskars hat eigens für Menschen mit Handicap Scheren und andere Schneidewerkzeuge entwickelt, die wirklich sehr gut geeignet sind, wie z. B. die Softouch Micro-Tip oder die Softouch Professional.

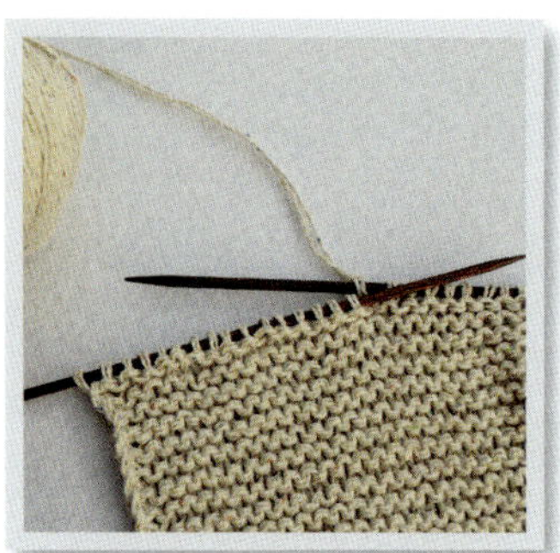

Stricknadeln

Mit heller Wolle und dunklen Nadeln tun sich Menschen mit Seheinschränkung beim Stricken und Häkeln wesentlich leichter. Ob Stricknadeln aus Metall oder Bambus verwendet werden, hängt von den Vorlieben des Verwenders ab – grundsätzlich sind beide gut geeignet.

Häkelnadeln

Auf diesem Gebiet hat sich sehr viel getan. Viele Firmen haben inzwischen wirklich gute Häkelnadeln entwickelt – kein Vergleich zu den alten, die man früher bekommen hat. Unbedingt ausprobieren.

Strickmühle

Die Strickmühle ist vom Prinzip her ähnlich wie eine Strickliesl, jedoch ist sie viel größer und funktioniert automatisch. Sie eignet sich besonders für Menschen mit motorischen Einschränkungen.

Beim Kauf einer Strickmühle wird auch eine genaue Anleitung mitgeliefert. Grundsätzlich wird beim Anschlag (1. Runde) der Faden immer einmal in den Haken und einmal hinter den Haken gelegt. Ab der 2. Runde wird schon ganz normal weitergekurbelt (Videos dazu gibt es auch im Internet, einfach nach Strickmühlen googlen).

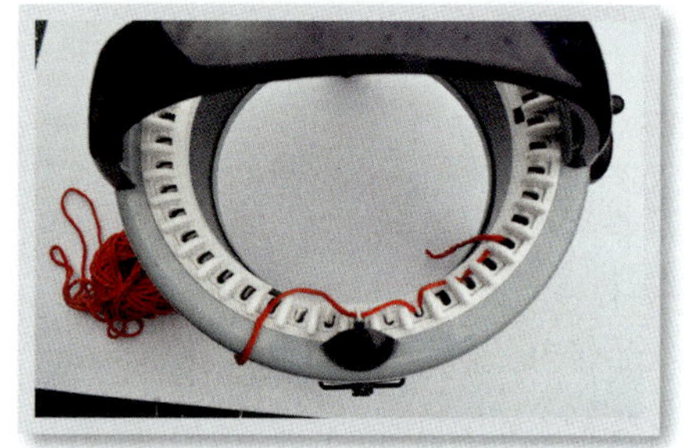

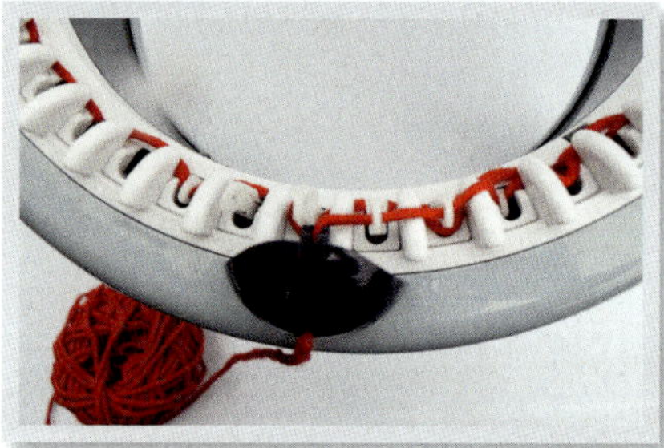

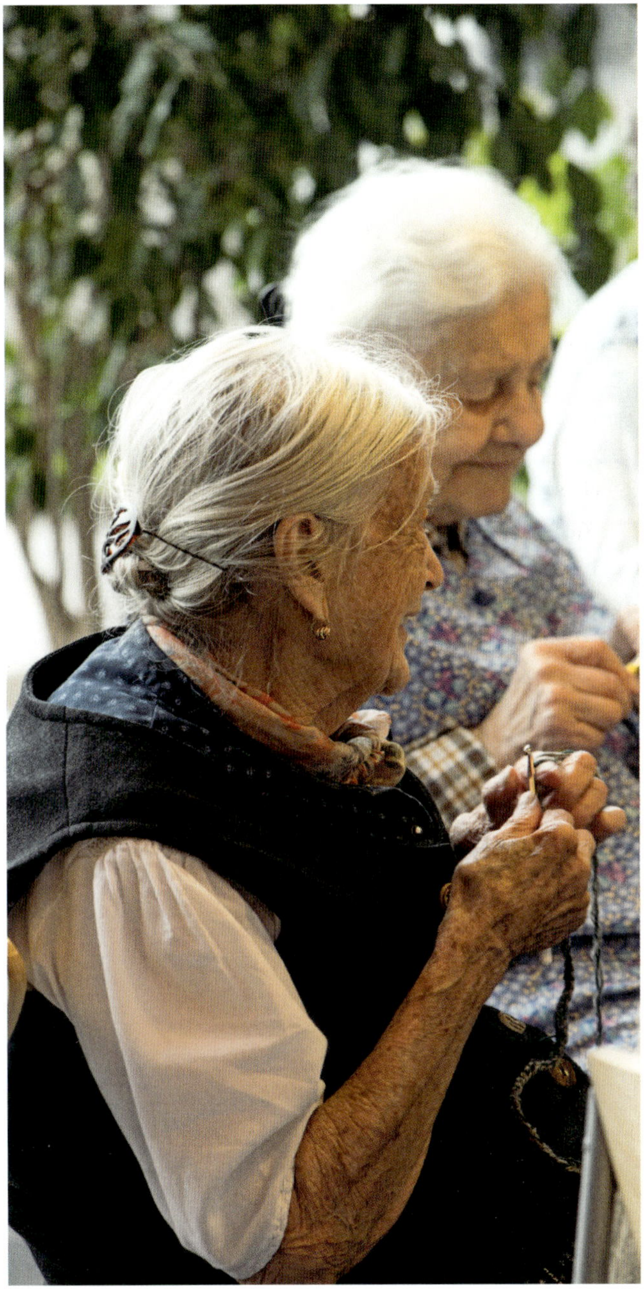

Strickbrett

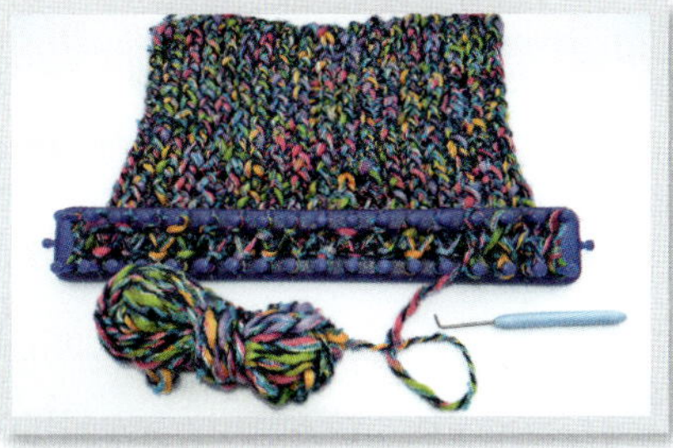

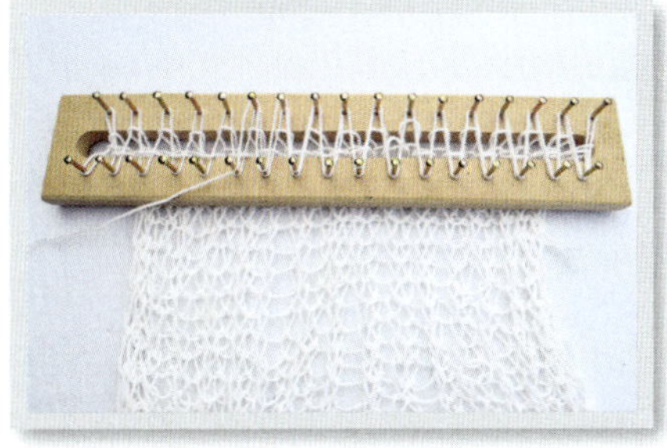

Das Strickbrett wird mit 2 kleinen Zwingen am Tisch befestigt. Den Faden, wie abgebildet, um die „Nägel" legen und mit dem Haken die Maschen darüberheben.
Sollte man das Strickbrett selbst bauen, ist es für die Befestigung von Vorteil, wenn eine Seite des Brettes etwas breiter ist. Anleitungen hierfür gibt es im Internet.

Nähnadeln

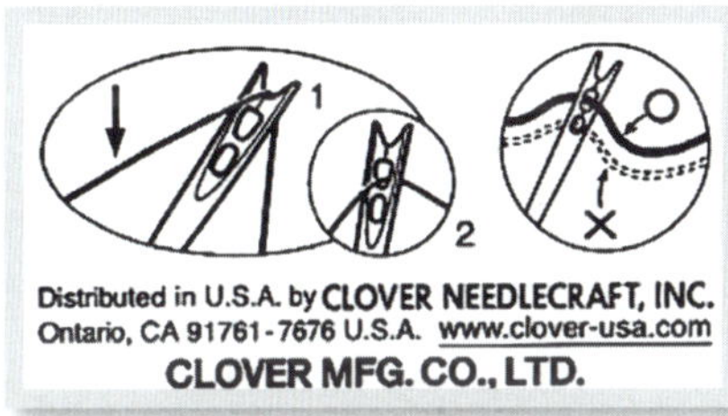

Es gibt Nähnadeln, die man nicht mehr einzufädeln braucht. Man legt den Faden in die Vertiefung und zieht ihn nach unten. Diese Nadeln gibt es in allen gängigen Nähnadelstärken – jedoch nicht als Sticknadeln.

Pom-Pom-Maker

Wofür man früher mühsamst zwei Kartonscheiben zuschneiden und diese mit viel Kraft herunterziehen musste, dafür gibt's jetzt den Pom-Pom-Maker von Clover.
Er ist in vielen verschiedenen Größen erhältlich. (Anleitung dazu auf Seite 34).

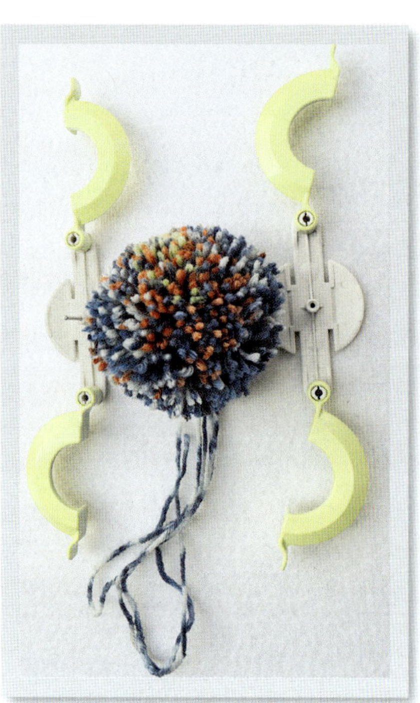

Pinsel

Am besten eignen sich Borstenpinsel. Für viele Techniken ist auch ein Stupfpinsel oder Stupfschwamm sehr gut geeignet. Dabei wird die Farbe nicht gestrichen, sondern, wie der Name schon sagt, gestupft. Achtung, die Farbe niemals am Pinsel trocknen lassen, sonst lässt sie sich nicht mehr abwaschen. Dafür die Pinsel zwischendurch in einen Wasserbehälter geben. Nach Abschluss der Malarbeiten waschen Sie alle Pinsel mit etwas Geschirrspülmittel aus und lassen Sie liegend trocknen.

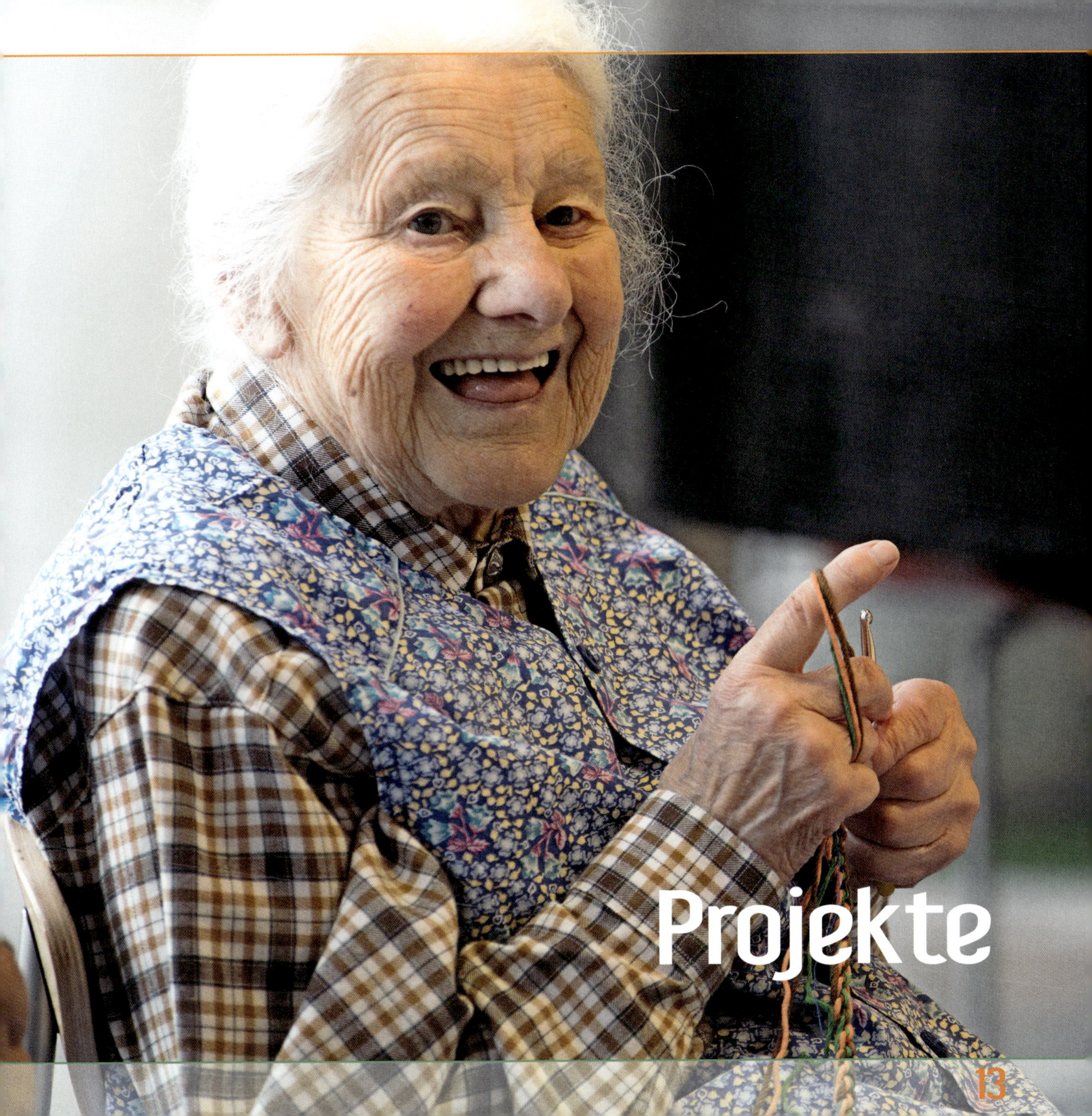

Projekte

Topflappen

Material für einen Topflappen

- ca. 50 g Baumwolle, 80 m/50 g
- Für den Rand einen Rest Wolle in einer Kontrastfarbe
- Häkelnadel Nr. 4–4,5

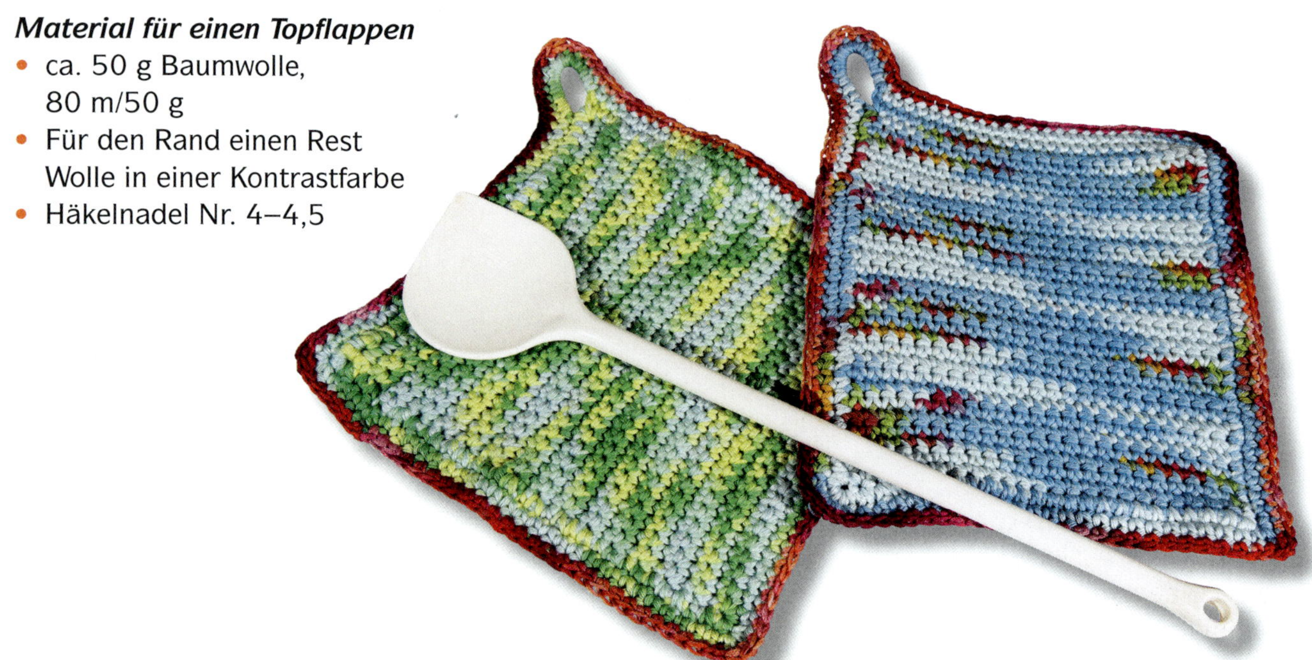

Eine 13 cm lange Luftmaschenkette anschlagen und in Reihen hin und her feste Maschen häkeln, bis eine Höhe von 13 cm erreicht ist. Als Ersatz für die erste Masche werden am Reihenanfang jeweils 2 Luftmaschen gehäkelt.

Nun mit der gleichen Wolle den Topflappen eine Runde umhäkeln, dabei an einer Ecke 15 Luftmaschen für die Schlaufe häkeln. Anschließend den Topflappen noch ein oder mehrere Male – je nach Wunsch – mit einer Kontrastfarbe umhäkeln. Alle Fäden vernähen.

Waschhandschuh, gestrickt und gehäkelt

(fertige Größe 13 x 18 cm)

Material für einen Waschhandschuh

- 50 g Leinen- oder Baumwollgarn, ca. 100 m/50 g
- passende Strick- oder Häkelnadel

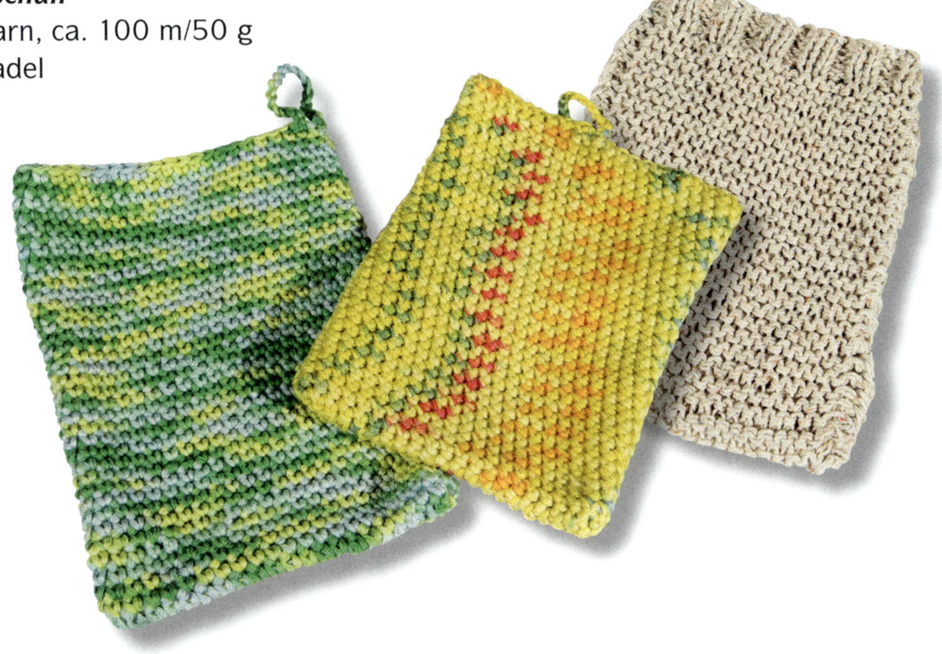

Gestrickt (Leinen)

24 Maschen anschlagen und ein 2 cm hohes Bündchen mit 2 Maschen rechts, 2 Maschen links stricken.
34 cm kraus rechts (Hin- und Rückreihe rechts) stricken.
Mit weiteren 2 cm im Bündchenmuster abschließen und alle Maschen abketten. Den Waschhandschuh in der Mitte zusammenfalten und seitlich zusammennähen.

Gehäkelt (Baumwolle)

Eine 26 cm lange Luftmaschenkette anschlagen und zur Runde schließen (darauf achten, dass sich die Luftmaschenkette nicht verdreht). Nun mit festen Maschen in Spiralrunden (siehe Seite 8) 18 cm häkeln.

Zum Schluss noch 15 Luftmaschen für eine Schlaufe häkeln. Den Faden abschneiden und mit dem Ende des Fadens die Luftmaschenkette zur Schlaufe annähen. Die untere Seite zusammennähen.

Taschentuchtäschchen,

gestrickt und gehäkelt

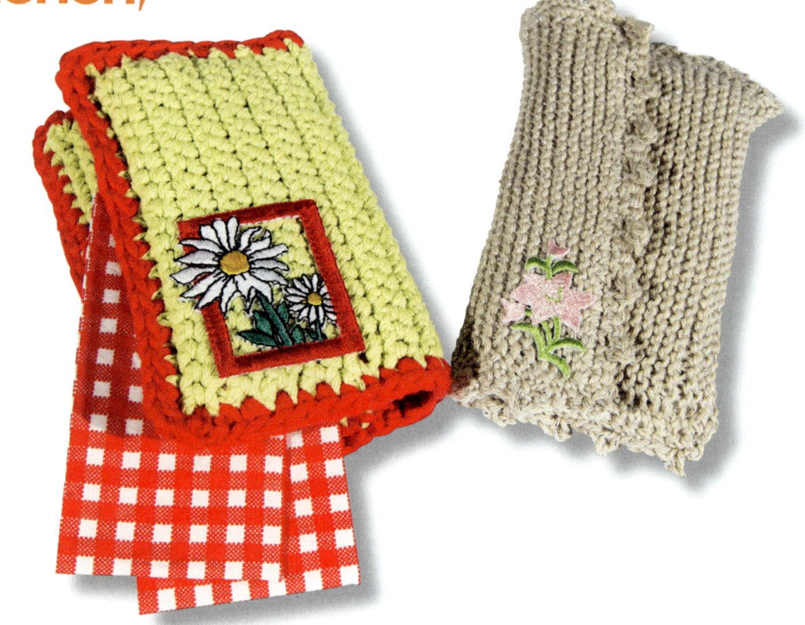

Material für ein Täschchen

- ca. 40 g Wolle
- passende Strick- oder Häkelnadel

Gestricktes Täschchen (1 Fach)

Mit der gewünschten Wolle ein Rechteck von 13 x 17 cm mit einfachem Kraus-Rechts-Muster (Hin- und Rückreihe rechts) stricken. Ein Ende 6 cm umklappen, mit Sicherheitsnadeln fixieren und mit festen Maschen zusammenhäkeln, dabei gleich bei der Klappe weiterhäkeln und die zweite Seite ebenso zusammenhäkeln. Wenn es gewünscht ist, kann man noch eine „Spitzenreihe" zum Abschluss machen. Spitzenreihe: *3 feste Maschen, 1 Pikot (= 3 Luftmaschen, 1 feste Masche in die erste Luftmasche), 1 Masche der vorhergehenden Reihe auslassen* und von * zu * wiederholen.

Gehäkeltes Täschchen (2 Fächer)

Eine 13 cm lange Luftmaschenkette anschlagen und mit festen Maschen in Reihen hin und her häkeln, bis eine Höhe von 13 cm erreicht ist. Als Ersatz für die erste Masche werden am Reihenanfang jeweils 2 Luftmaschen gehäkelt. Beide Enden 6 cm umklappen, mit Sicherheitsnadeln fixieren und mit festen Maschen rundherum zusammenhäkeln.

Als Pünktchen auf dem „I" kann man das Taschentuchtäschchen mit einer aufbügelbaren Applikation oder einer kleinen Stickerei verzieren.

TIPP

Die Taschentuchtäschchen kann man aus jeder Wolle, Baumwoll- oder Leinengarn und in jeder beliebigen Stärke arbeiten.

Tischset und Brotkorb

Material für Tischset (30 x 45 cm)

- 150 g Baumwolle, 50 g/80 m
- Häkelnadel Nr. 4

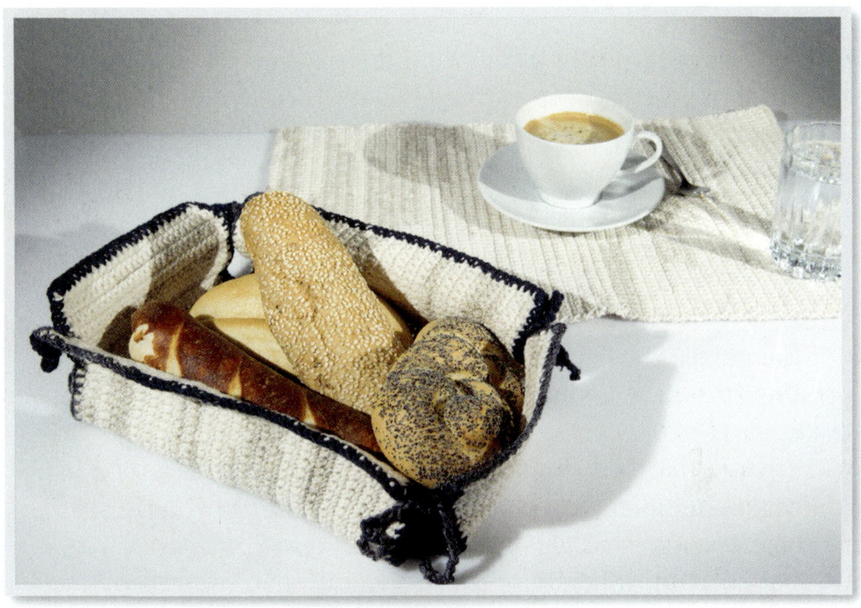

Eine 30 cm lange Luftmaschenkette anschlagen und mit festen Maschen in Reihen hin und her häkeln bis eine Höhe von 45 cm erreicht ist. Als Ersatz für die erste Masche werden am Reihenanfang jeweils 2 Luftmaschen gehäkelt.

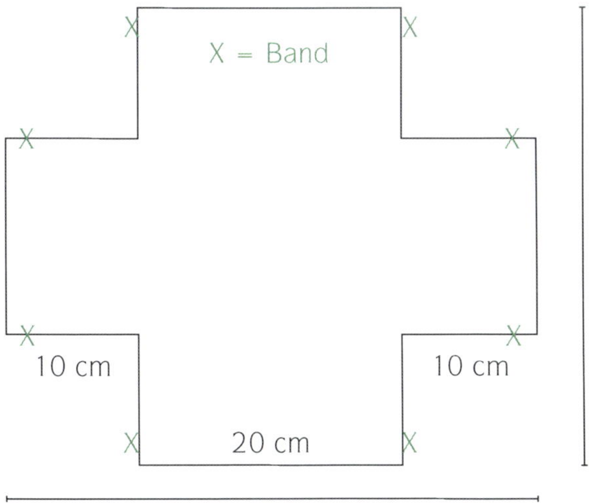

Material für den Brotkorb

- 200 g Baumwolle, 50 g/80 m
- Häkelnadel Nr. 4

Den Brotkorb laut Skizze mit festen Maschen in Reihen häkeln, mit einer Kontrastfarbe umhäkeln und an den Ecken (x) Schnüre aus Luftmaschen zum Zusammenbinden anbringen.

Taschen: gestrickt, gehäkelt und gefilzt

Taschen kann man sehr gut in Runden arbeiten, sowohl gestrickt wie auch gehäkelt.
Je nach Wollangebot kann man Taschen in jeder beliebigen Größe herstellen.
Die Technik ist immer die gleiche.

Gestrickte Tasche

Für die gestrickte Tasche die gewünschte Maschenanzahl auf einer Rundstricknadel (60 cm lang) anschlagen und in Runden in beliebiger Streifenfolge solange stricken, bis die gewünschte Höhe erreicht ist. Anschließend alle Maschen abketten. Zum Schluss die Maschen der untersten Reihe als Boden zusammennähen und Griffe annähen.

Gehäkelte Tasche

Für die gehäkelte Tasche Luftmaschen in der gewünschte Größe anschlagen, zur Runde schließen und in Spiralrunden in beliebiger Streifenfolge solange häkeln, bis die gewünschte Höhe erreicht ist.
Die Griffe werden entweder gleich mitgehäkelt oder extra gearbeitet und anschließend angenäht. Zum Schluss die Maschen der untersten Reihe als Boden zusammennähen.

Gefilzte Tasche

Für die gefilzten Taschen wie oben angeführt, jedoch um 1/3 größer stricken oder häkeln (siehe Filzen, Seite 8)

TIPP

Wenn man die Tasche mit Stoff füttert, wirkt sie edler und wird noch stabiler. Dazu näht man einen Sack aus dem gewünschten Stoff in der gleichen Größe wie die Tasche, dreht die gehäkelte/gestrickte Tasche um, schiebt den Stoffsack so drüber, dass die schöne Seite sichtbar ist, und näht ihn an der oberen Kante (unter den Griffen) von Hand oder mit der Nähmaschine fest. Zum Schluss die Tasche wieder auf die rechte Seite drehen.

Bei den beiden gehäkelten Taschen wurde sowohl mit festen Maschen wie auch mit Stäbchen gehäkelt.

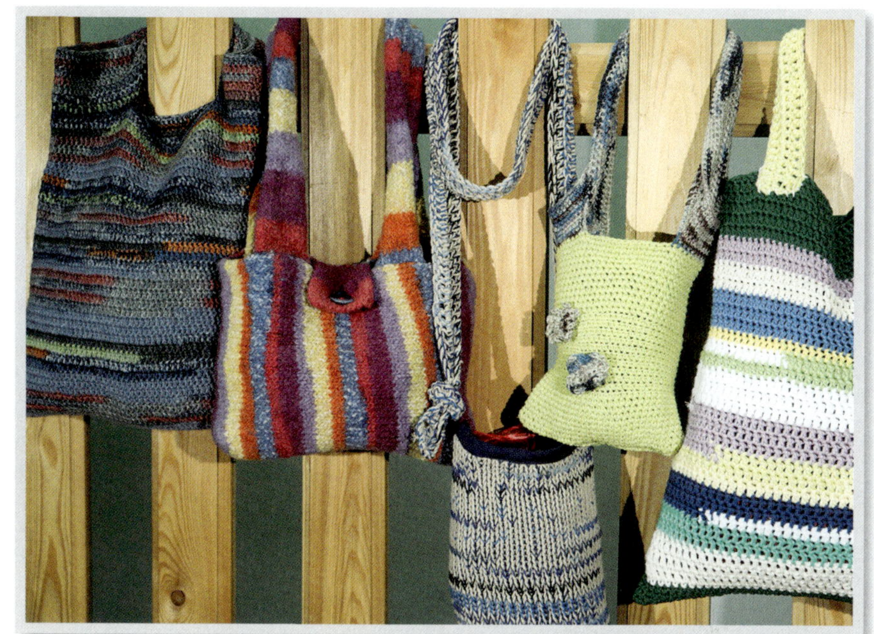

Gestrickt mit der Strickmühle

Die Maschen auf der Strickmühle laut Anleitung (Seite 10) anschlagen und einen ca. 25 cm langen Schlauch stricken. Den Schlauch von der Strickmühle fallen lassen. Die untere Seite für den Boden mit der Nähmaschine oder von Hand zusammennähen. Für das Futter in der gleichen Größe aus Stoff einen Sack nähen, diesen in die Tasche stecken und am oberen Rand festnähen. Mit einem Schrägband die obere Kante versäubern und dabei seitlich jeweils eine kleine Schlaufe zum Einhängen des Trägers mitnähen. Für den Träger eine 80 cm lange Luftmaschenkette anschlagen und 2 Reihen Stäbchen häkeln. Durch die Schlaufen ziehen und festnähen.

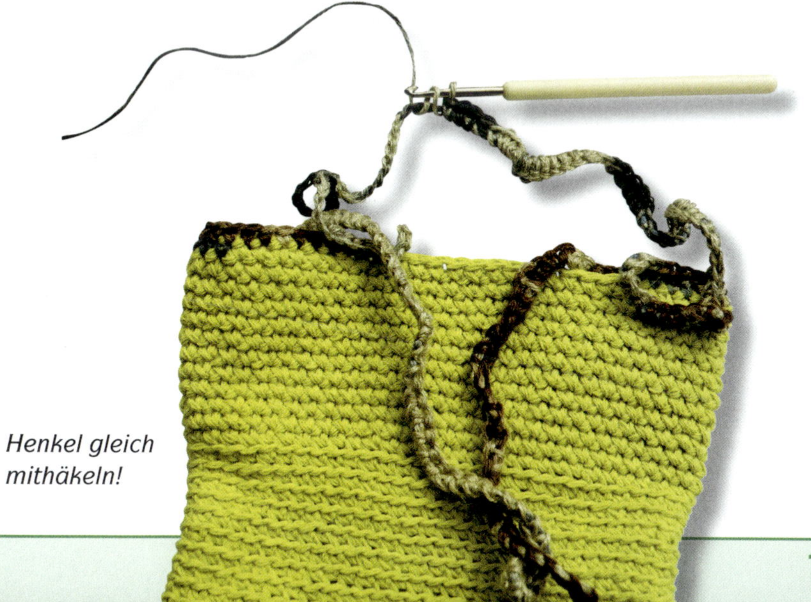

Henkel gleich mithäkeln!

Taschen bedrucken

Material
- Stofffarbe
- Stofftasche nach Wahl
- eher kleinere Stempel/Model
- Pinsel
- Moosgummiplatte als Stempelkissen

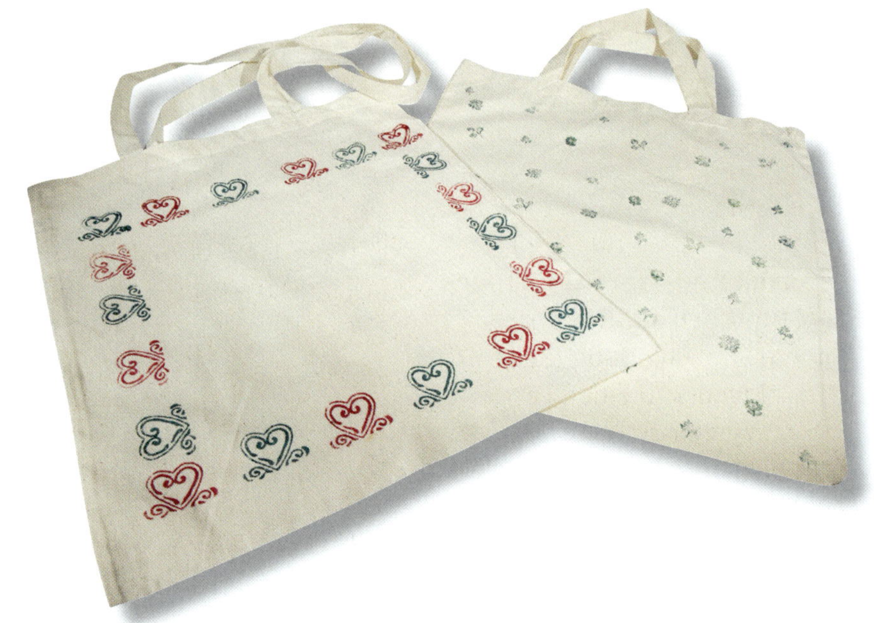

TIPP

Im Handel gibt es sehr günstige, fertige Stofftaschen zu kaufen

In die gut gebügelte Tasche ein Blatt Papier einlegen, damit die Farbe nicht auf die Rückseite durchdringen kann.
Etwas Farbe auf die Moosgummiplatte streichen und den Stempel darin wie in ein Stempelkissen eintauchen.

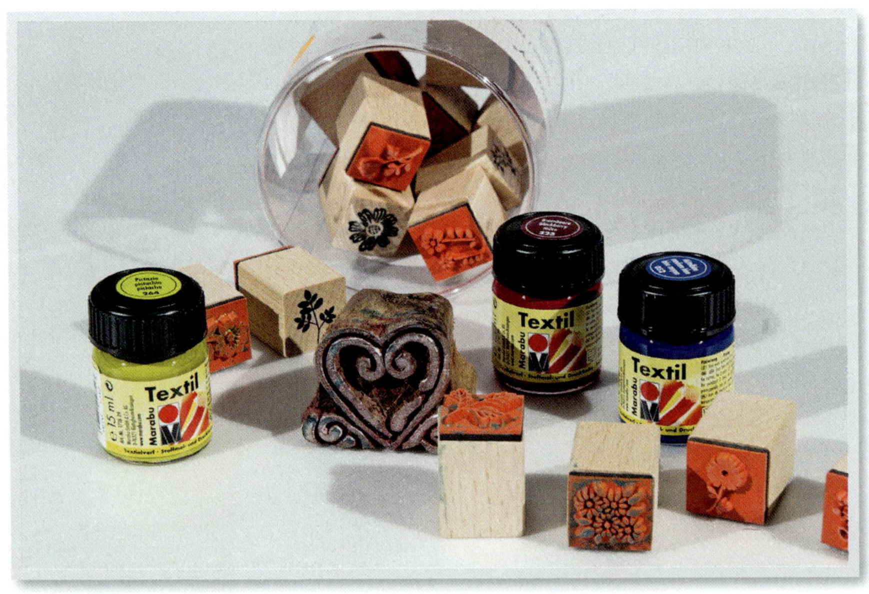

TIPP

Bevor Sie mit der Tasche beginnen, probieren Sie das Stempeln auf einem Stück Stoff so lange aus, bis Sie das richtige Gefühl für Druck und Farbe haben.

Luftmaschenschnur

Material

- Wollreste
- Häkelnadel Nr. 4–5

Eine Luftmaschenschnur zu häkeln gehört zu den beliebtesten Handarbeiten für Senioren, die gerne etwas machen wollen, aber nicht mehr so gut sehen können.
Dazu werden 2–3 Fäden von verschiedenen Wollen zusammengewickelt und anschließend zu einer Luftmaschenschnur verhäkelt. Der fertige Knäuel sollte ungefähr Faustgröße haben (nicht größer!).

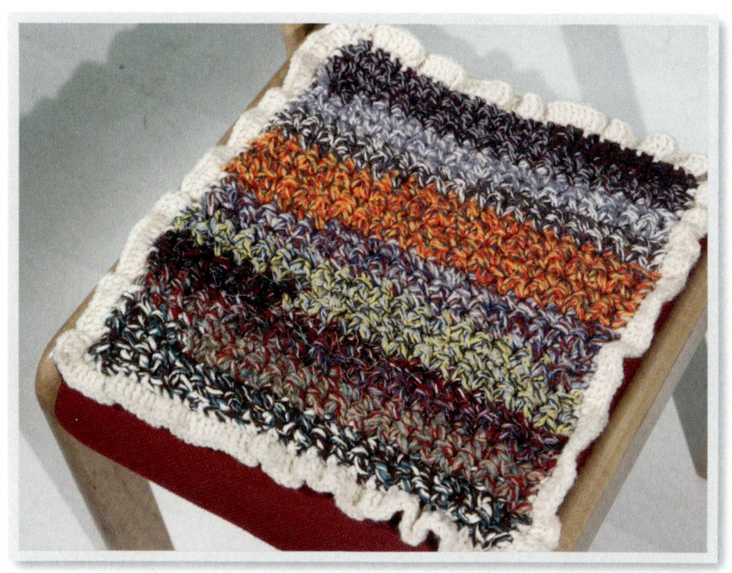

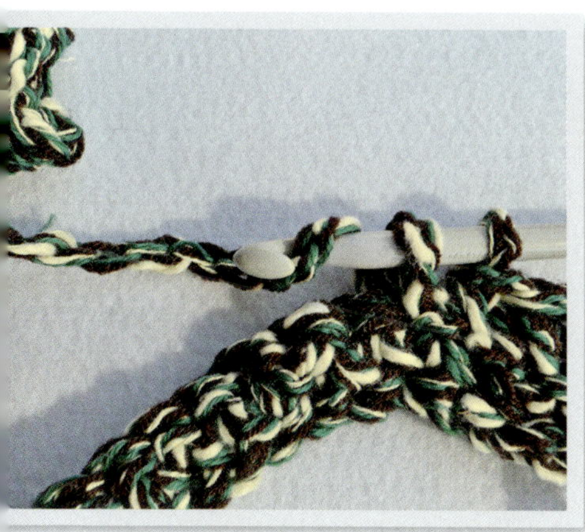

Die weitere Verwendung der Luftmaschenschnur:

- zu kleinen Teppichen und Sitzkissen verhäkeln
- in vorgefertigten, gehäkelten Gittern verweben
- auf einem Webstuhl verweben (z. B. Teppiche, Sitzauflagen, Taschen)

Verhäkeln Sitzkissen

Mit einer Häkelnadel Nr. 8 eine 35 cm lange Luftmaschenkette anschlagen und feste Maschen in Reihen hin und her häkeln, bis eine Höhe von 35 cm erreicht ist. Als Ersatz für die erste Masche werden am Reihenanfang jeweils 2 Luftmaschen gehäkelt. Als Rand wird mit einfacher Wolle (ca. Nadelstärke 4–5) eine Rüsche herumgehäkelt.

Rüschenrand:

1. Runde: In jedes Loch 2 feste Maschen häkeln.
2. Runde: In jede Masche der Vorrunde 2 Stäbchen häkeln.

Gitterweben

Für die Tasche

Ein Gitter (siehe Mitte) in der Größe von 70 cm Breite und 40 cm Länge häkeln. Anschließend, wie auf dem Foto abgebildet, mit einer **Webnadel** (oder einer dicken, stumpfen Nadel) die gehäkelte Schnur einweben. Dafür die Luftmaschenschnur so abschneiden, dass sie für 4 Reihen reicht (etwas überstehen lassen).

Vorsicht!!! Nicht zu fest zusammenziehen.

Anschließend die Seiten zusammennähen. Den oberen Rand mit Stoff besetzen und die Träger dabei mit einnähen (eventuell mit Stoff füttern).

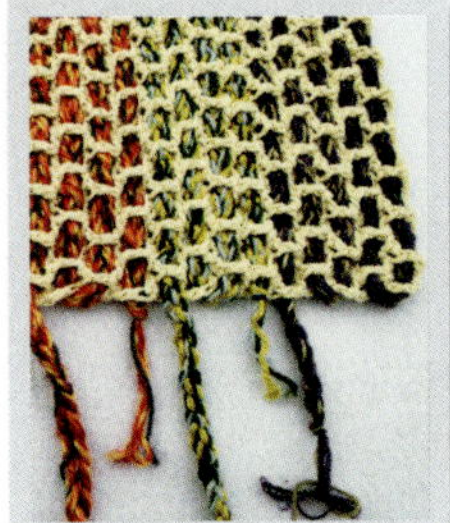

Gehäkeltes Gitter

Wolle für Nadelstärke 4 (ca. 80 m/50 g)

In eine Luftmaschenkette abwechselnd 1 Stäbchen, 1 Luftmasche häkeln, dabei 1 Luftmasche überspringen. In allen weiteren Reihen in das Stäbchen der Vorreihe wieder 1 Stäbchen häkeln, dann 1 Luftmasche und wieder 1 Stäbchen. Als Ersatz für das erste Stäbchen werden 2 Luftmaschen + 1 Luftmasche gehäkelt.

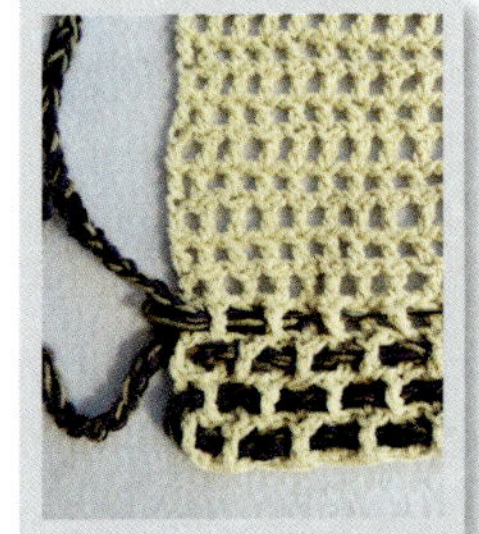

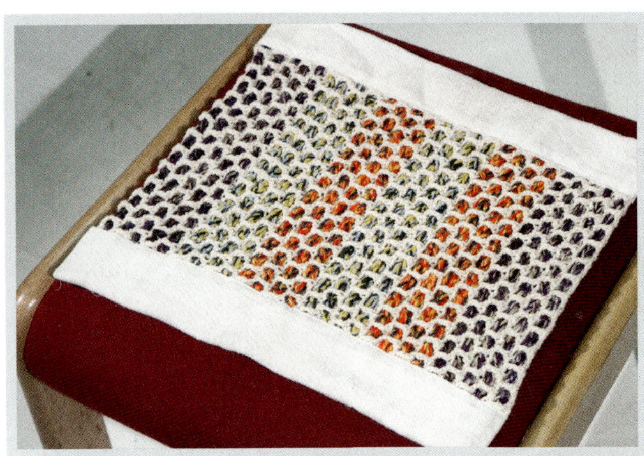

TIPP

Das Gitter geht in die Webrichtung ca. 10 % zusammen. Dementsprechend mehr berechnen.

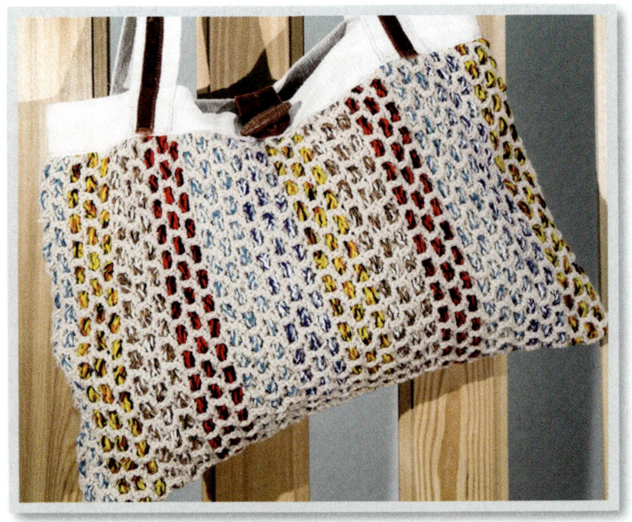

Schuhmatte

Mit einer Häkelnadel Nr. 8 eine 30 cm lange Luftmaschenkette anschlagen und feste Maschen in Reihen hin und her häkeln, bis eine Höhe von 40 cm erreicht ist.
Die Größe der Matte kann je nach Bedarf angepasst werden.

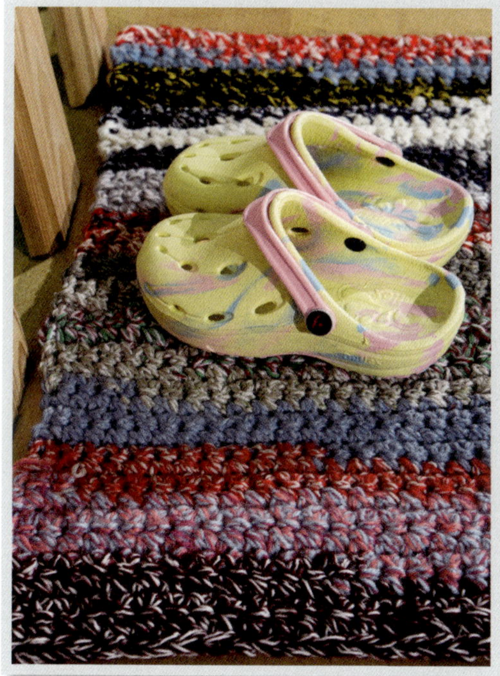

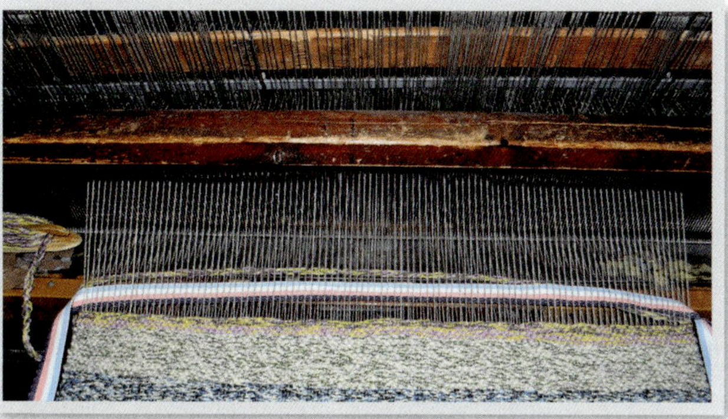

Weben auf einem Webstuhl

Vielleicht gibt es in Ihrer Umgebung eine Lohnweberei oder einen Hobbyweber, wo Sie diese Luftmaschenschnüre zu schönen Teppichen, Bankauflagen und Taschen verweben lassen können.

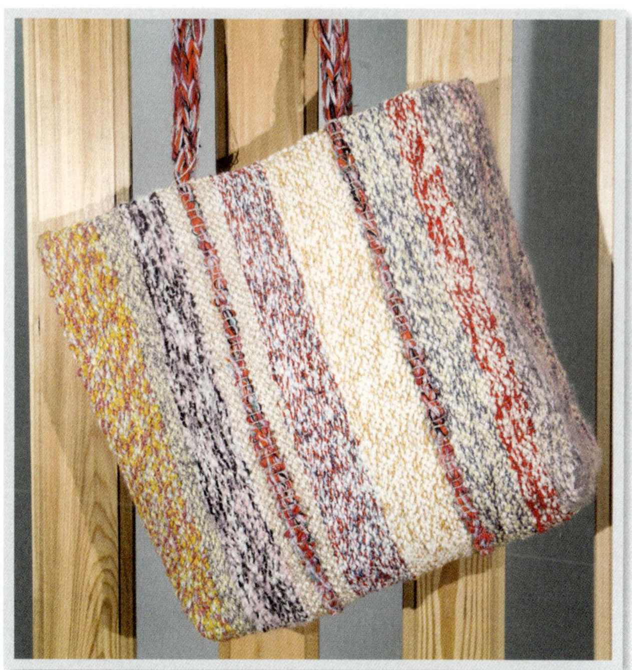

Nadelkissen, gestickt

Material

- Aidastoff mit 24 Kästchen
- Perlgarn Nr. 5 oder ähnliches Garn
- Stumpfe Sticknadel, passend zum Garn
- Füllwatte

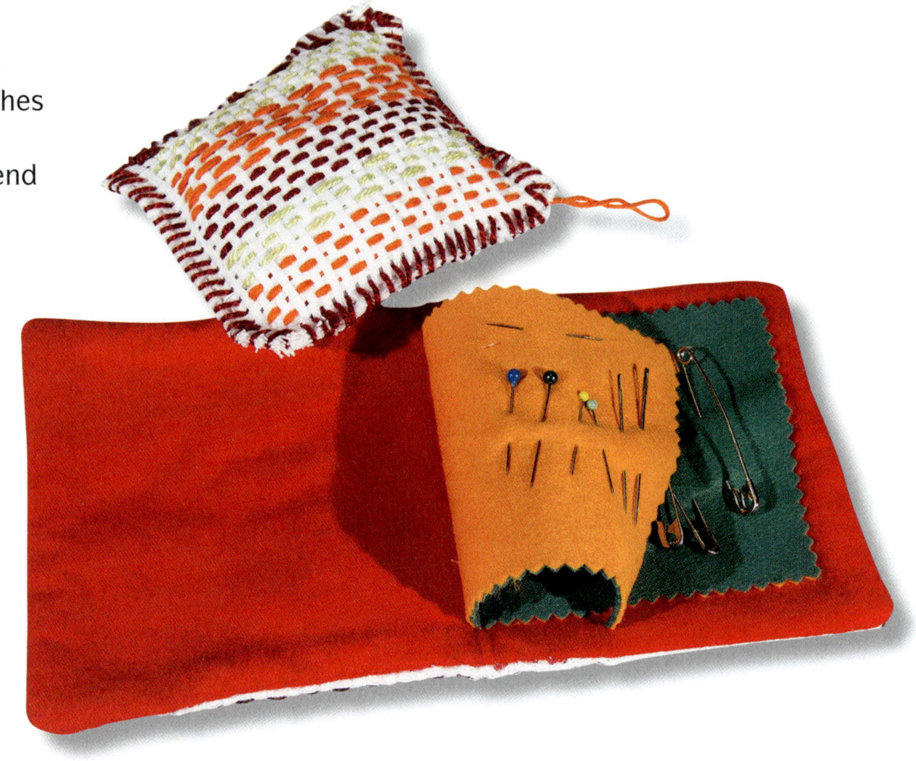

Den Aidastoff mit Vorstichen besticken. Zwei Teile von ca. 10 x 10 cm mit Umwendlungsstichen bis auf ein paar Zentimeter zusammennähen, mit Füllwatte füllen und, wie auf Seite 23 beschrieben, fertig zusammennähen.

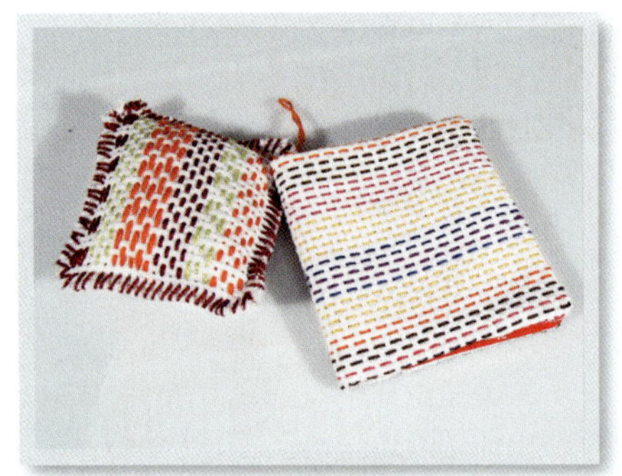

Nadelmappe, gestrickt

Material

- ca. 20 g dünne Wolle
- passende Strick- und Häkelnadeln
- 3 verschiedene Farben Filzreste
- doppelseitiges Bügelvlies
- Bügeleisen

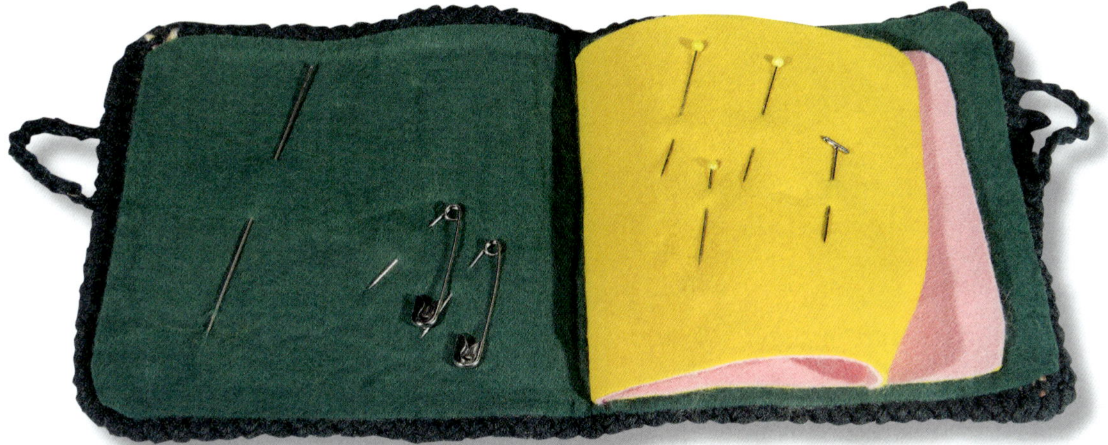

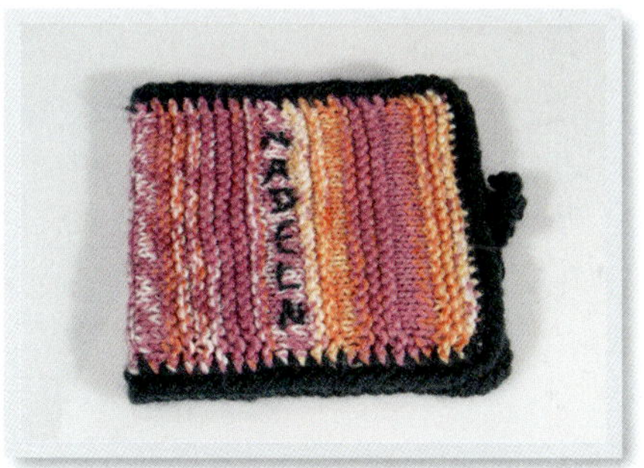

Mit der Wolle einen Streifen von 12 x 25 cm stricken (glatt rechts oder ein anderes Muster – je nach Wunsch). Diesen Streifen mit festen Maschen umhäkeln. Einen Filzstreifen, der etwas kleiner ist, als das gestrickte Teil, zuschneiden und mit dem doppelseitigen Bügelvlies auf den gestrickten Streifen aufbügeln. Zwei Filzstreifen mit zwei verschiedenen Farben noch etwas kleiner zuschneiden und ebenfalls mit dem Bügelvlies zusammenbügeln und in der Mitte in das Mäppchen von Hand oder mit der Maschine einnähen.

Nadelkissen

auf Glas

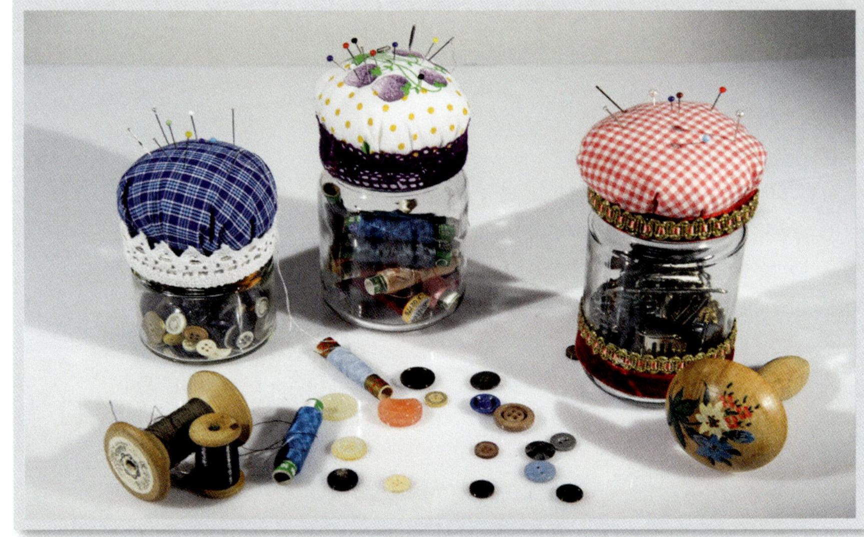

Material

- Glas mit Schraubverschluss
- Stoffreste
- Borten- und Spitzenreste
- starker Karton
- Füllwatte
- starker Faden
- Nadel
- Heiβklebepistole

Den Deckel des Glases auf den Karton legen, nachzeichnen (1) und ca. 1/2 cm kleiner, als der Strich ist, ausschneiden (2). Aus dem Stoff einen Kreis um 1/3 gröβer, als der Deckel ist, zuschneiden. Den Faden mit kleinen Vorstichen am Rand des Stoffes einziehen (3). Etwas Füllwatte in die Mitte des Stoffkreises einlegen (4), den Karton darauflegen und den Faden soweit zusammenziehen, dass dieser ca. 1 cm über dem Karton liegt (5). Den Faden verknoten und die überstehenden Enden abschneiden. Nun das „Nadelkissen" mit Heiβkleber auf den Deckel des Glases kleben. Den Rand und das Glas mit einer Borte oder einer Spitze verzieren.

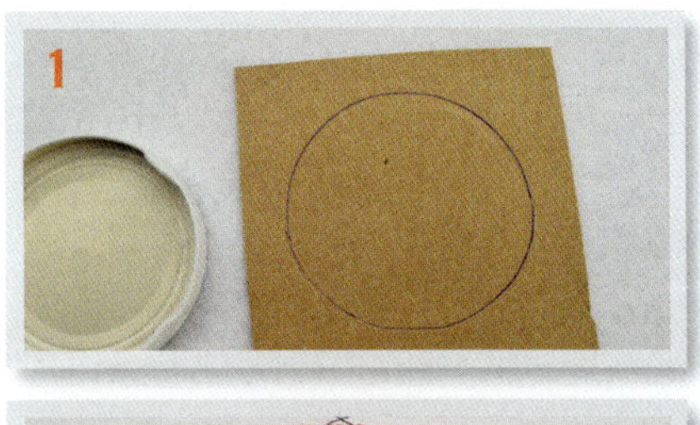

1

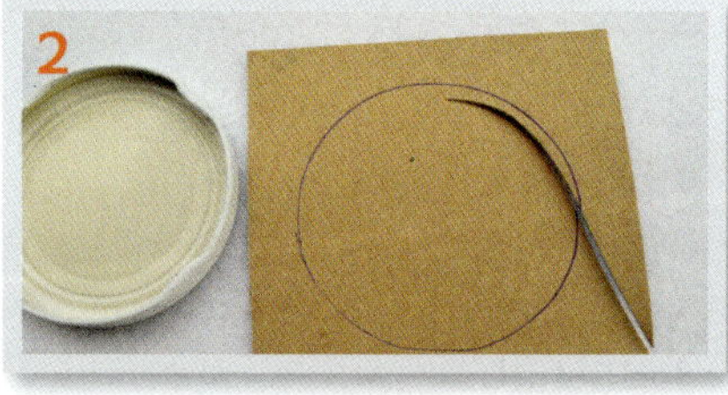

2

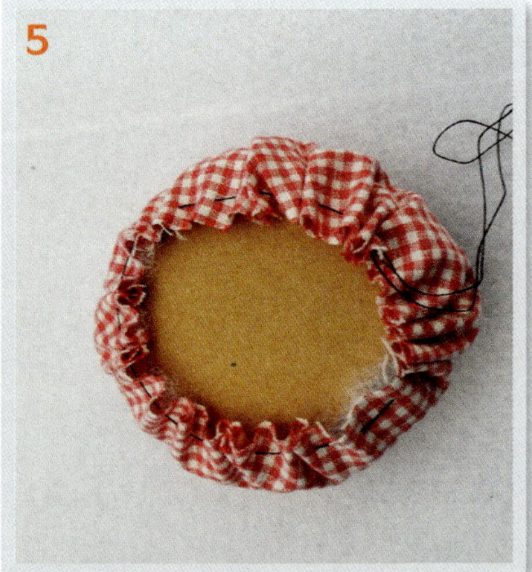

5

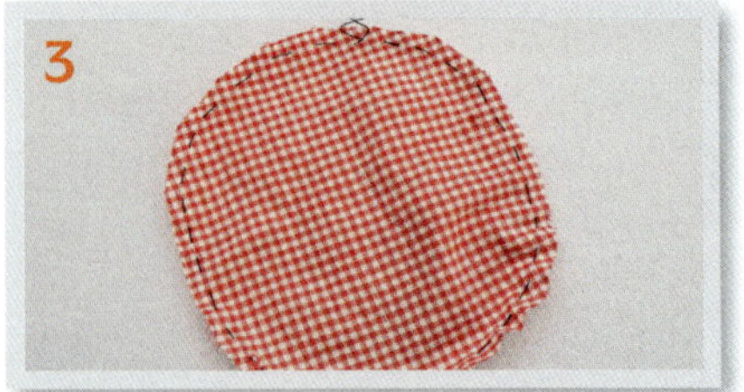

3

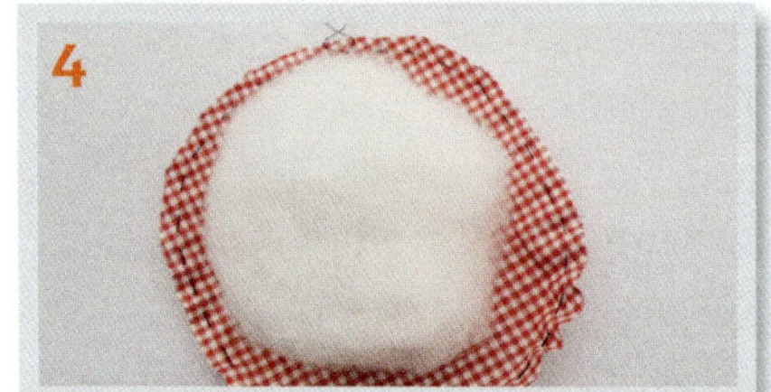

4

Deckerl für Marmeladengläser

Material

- verschiedene Wollreste
- passende Häkel- oder Stricknadeln
- passendes Band zum Binden

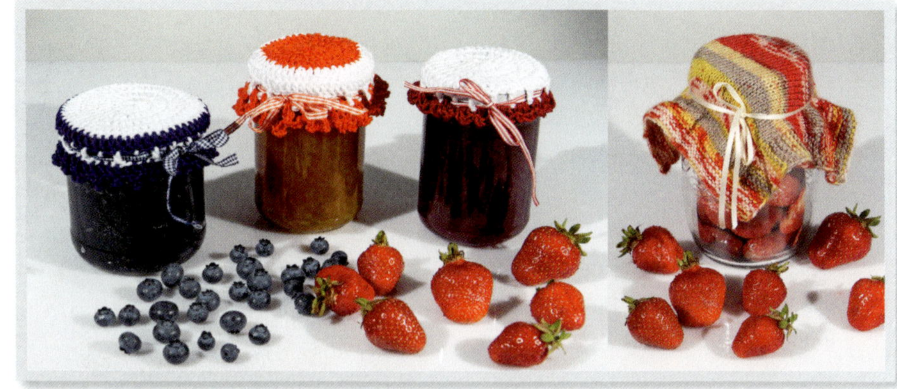

Gehäkeltes Deckerl

4 Luftmaschen anschlagen und mit Stäbchen in Runden häkeln. Als Ersatz für die 1. Masche am Rundenanfang werden 3 Luftmaschen gehäkelt.

1. Runde: 7 Stäbchen in den Luftmaschenring

2. Runde: 14 Stäbchen (in jedes Stäbchen 2 Stäbchen häkeln)

3. Runde: 21 Stäbchen (in jedes 2. Stäbchen 2 Stäbchen häkeln)

4. Runde: 28 Stäbchen (in jedes 3. Stäbchen 2 Stäbchen häkeln)

Je nach Größe des Glases diese Reihenfolge weiterführen (in jeder Runde 7 Maschen zunehmen)

5. Runde: 28 Stäbchen (oder entsprechend der Vorrunde ohne Zunahme)

6. Runde: Lochreihe = 1 Stäbchen, 1 Luftmasche, dabei 1 Masche der Vorrunde überspringen

7. Runde: Abschlussrunde

Abschlussrunde

Rot: Über die Luftmasche der Vorrunde 1 feste Masche, 3 Stäbchen häkeln.

Blau: 2 Stäbchen, 1 Pikot = 3 Luftmaschen und 1 feste Masche in die erste Luftmasche häkeln.

Orange: Über die Luftmasche der Vorrunde 2 Stäbchen, 4 Luftmaschen häkeln.

Gestricktes Deckerl (rechts) (ca. 16 x 16 cm)

Hier wurde dünne Sockenwolle verarbeitet.

Mit Stricknadeln Nr. 2,5 50 Maschen anschlagen und 12 Reihen oder 2 cm im Kraus-Rechts-Muster (Hin- und Rückreihe rechts) stricken. Anschließend 10 Maschen kraus rechts, 30 Maschen glatt rechts (Hinreihe rechts, Rückreihe links) und wieder 10 Maschen kraus rechts stricken. Nach 12 cm nochmals 12 Reihen oder 2 cm im Kraus-Rechts-Muster stricken.

Duftsäckchen – einmal anders

Material
- Bastelfilz, 1 mm dick
- Faden/Kordel für Anhänger
- Papier für Anhänger (200 g/m²)
- Zwirn und Nadel
- Klammermaschine
- Getrocknetes, duftendes Füllmaterial, wie z. B. Lavendel, Rosenblätter, Kräuter usw.

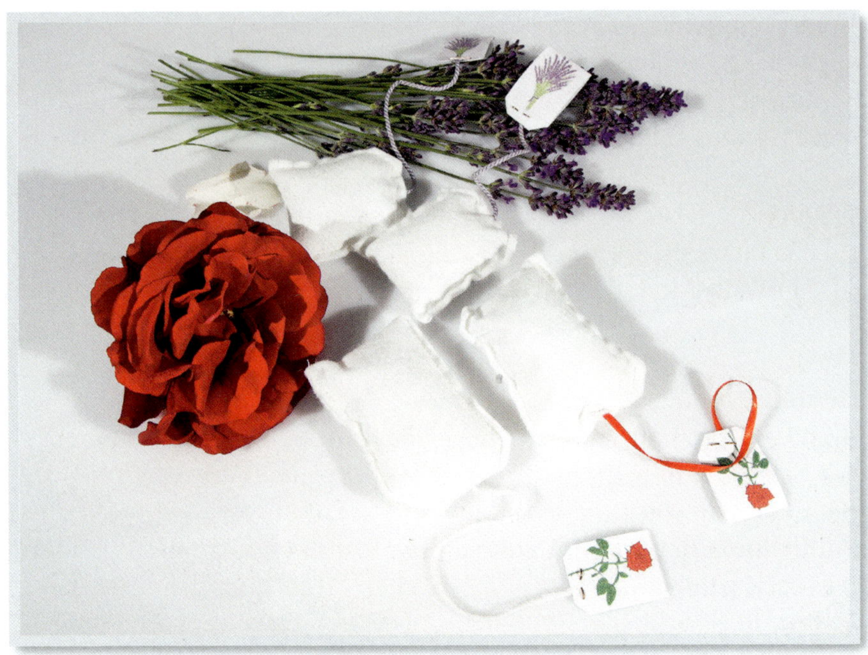

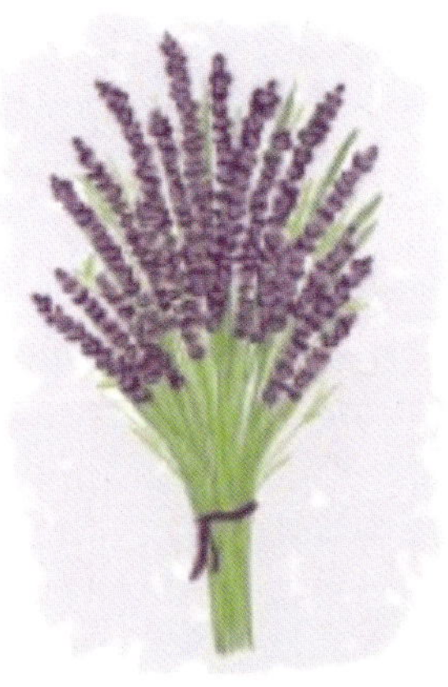

Den Filz laut Foto zuschneiden und an beiden Seiten zusammennähen. Die Füllung oben hineingeben, die Kordel mitfassen und zunähen.
Für den Anhänger das Motiv aufmalen oder mit dem PC-Drucker ausdrucken, wie auf dem Foto abgebildet zuschneiden, in der Mitte falten und den Faden mit der Klammermaschine befestigen.

TIPP
Gestalten Sie den Anhänger je nach Inhalt des Säckchens.

Loop

Gehäkelt und gestrickt

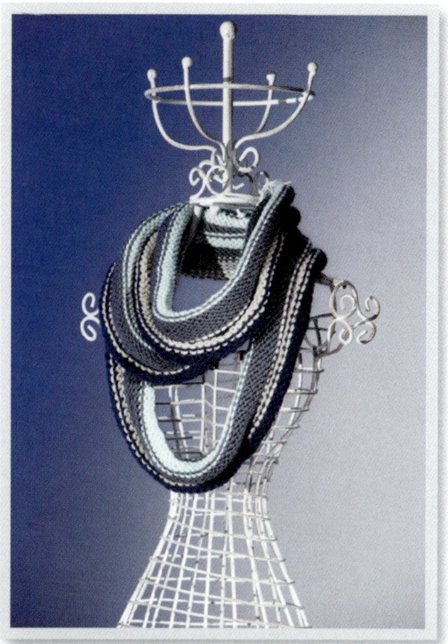

Material pro Schal/Loop

- ca. 150–200 g Wolle, ca. 80 m/50 g
- Häkelnadel/Rundstricknadel Nr. 4,5 bis 5, 80 cm lang

Für den gestrickten Loop (ca. 20 x 180 cm)

250 Maschen locker mit der Rundsticknadel anschlagen und in Runden in beliebiger Streifenfolge glatt rechts stricken. Nach 20 cm alle Maschen **sehr locker abketten**. Die Fäden vernähen.

Für den gehäkelten Loop (ca. 25 x 160 cm)

Eine Luftmaschenkette von 150 cm sehr locker anschlagen und zur Runde schließen. Am Rundenanfang als Ersatz für das erste Stäbchen immer 2 Luftmaschen häkeln.

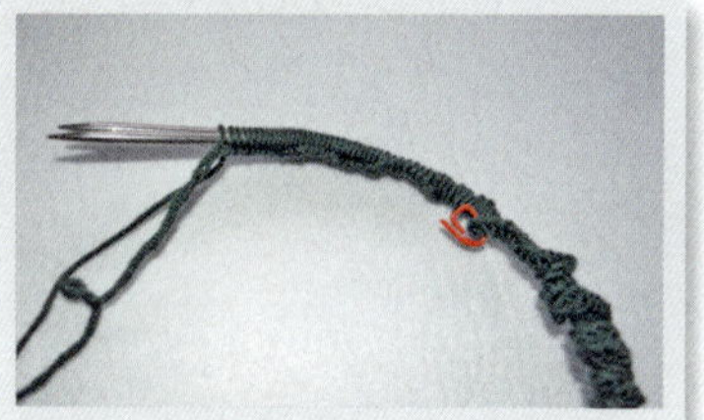

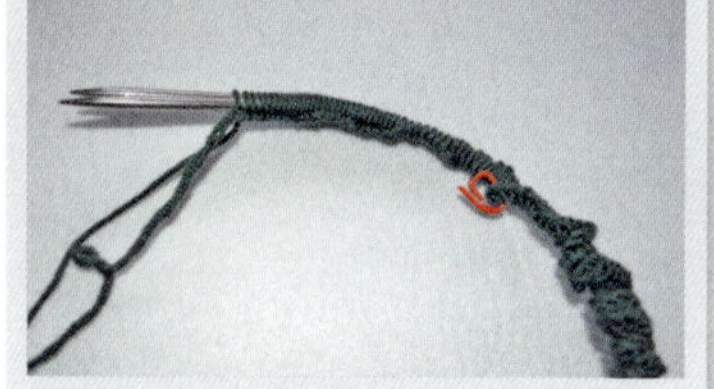

Kleine Markierungshaken helfen beim Zählen.

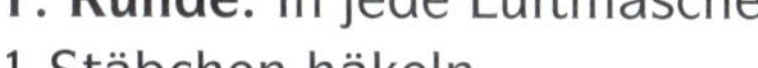

1. Runde: In jede Luftmasche 1 Stäbchen häkeln.
2. Runde: Immer 1 Stäbchen, 1 Luftmasche häkeln – dabei 1 Stäbchen der Vorreihe überspringen.
3. Runde: In jede Masche der Vorreihe 1 Stäbchen häkeln
Nun stets die 2. und die 3. Runde wiederholen, bis eine Breite von ca. 20 cm erreicht ist.

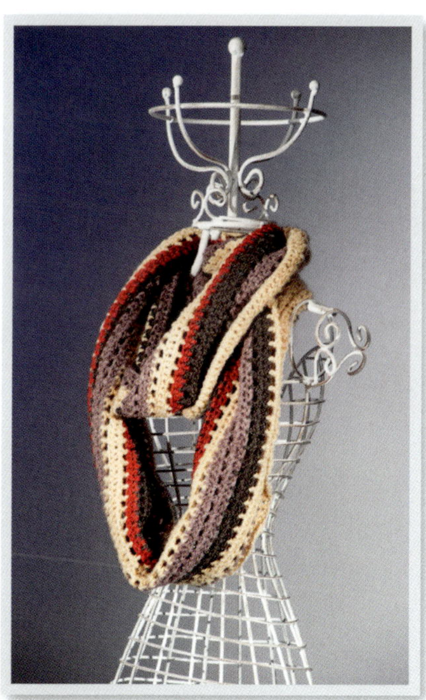

TIPP

Achten Sie beim Verarbeiten von Resten auf ähnliche Garnstärken und Qualitäten. *Wiegen Sie vor dem Beginn die Wollmenge ab, damit Sie nicht zu wenig Wolle haben.*

Kleiderbügel

Umhäkelt und umstrickt

Material

- verschiedene Wollreste
- Kleiderbügel aus Holz
- Der Wolle entsprechende passende Häkel- und Stricknadeln

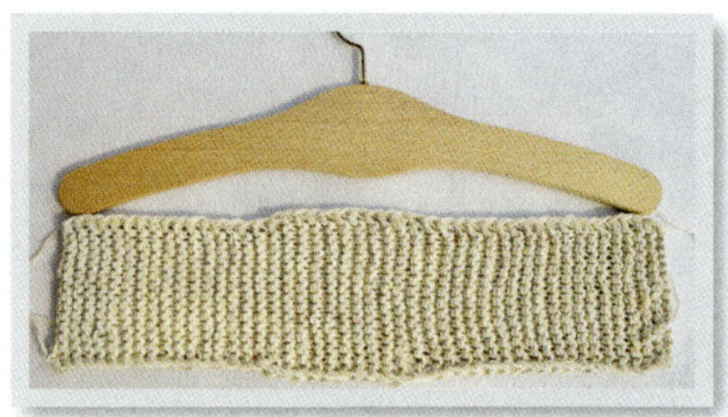

Für beide Techniken gilt für die Größe:
Größe = die Länge des Kleiderbügels x 2-mal die breiteste Breite des Kleiderbügels. Da Gestricktes/Gehäkeltes sehr elastisch ist, braucht man für leicht geschwungene Kleiderbügel nicht extra Maschen zu- oder abnehmen. Für stark geschwungene Kleiderbügel kann man je nach Größe 2 bis 4 Maschen zu- bzw. abnehmen.

Heller Kleiderbügel mit Schal

Beim Stricken kann man einfach das Kraus-Rechts-Muster (Hin- und Rückreihe rechts) verwenden. Es kann aber auch nach Lust und Laune jedes andere Muster gestrickt werden.

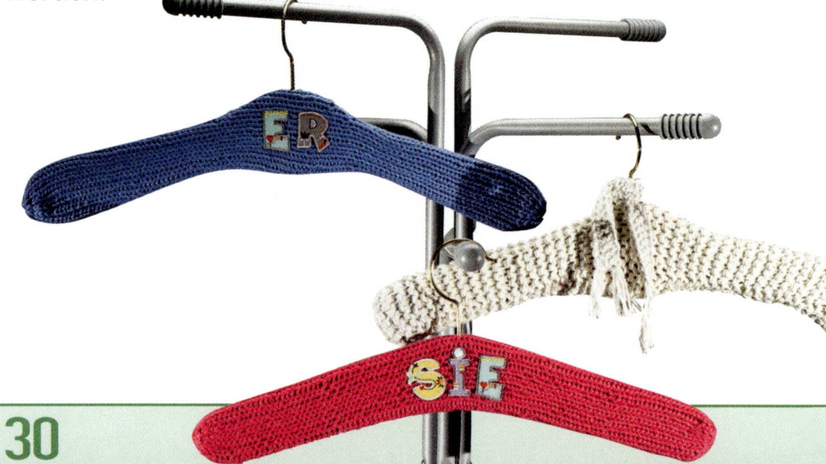

Kleiderbügel „ER und SIE“

Zusätzliches Material

- aufbügelbare Applikationen

Dieser Überzug ist rund gestrickt. 15 Maschen anschlagen und auf 3 Nadeln verteilen **(1)**. Glatt rechts entsprechend der Länge des Kleiderbügels stricken. Alle Maschen abketten und auf einer Seite zunähen. Den Haken aus dem Bügel schrauben und den Bügel in den gestrickten Schlauch schieben **(2)**. Die 2. Seite zunähen und den Haken wieder einschrauben. Die Applikationen aufbügeln.

TIPP

Die Verzierung macht es aus. Lassen Sie dabei Ihrer Kreativität freien Lauf!

Weißer Kleiderbügel

Zusätzliches Material

- Rest grüne Wolle
- 17 rote Holzperlen, 12 mm

Ein Rechteck entsprechend der Größe des Kleiderbügels häkeln. Den Haken aus dem Bügel schrauben, das Rechteck über den Bügel legen und seitlich und unten mit festen Maschen zusammenhäkeln (oder zusammennähen). Auf die grüne Wolle 17 rote Holzperlen auffädeln (3). Nun 1 feste Masche, * 3 Luftmaschen, 1 Holzperle zur Masche schieben, 3 Luftmaschen, in ca. 2 cm Abstand 1 feste Masche * häkeln. Von * bis * wiederholen.

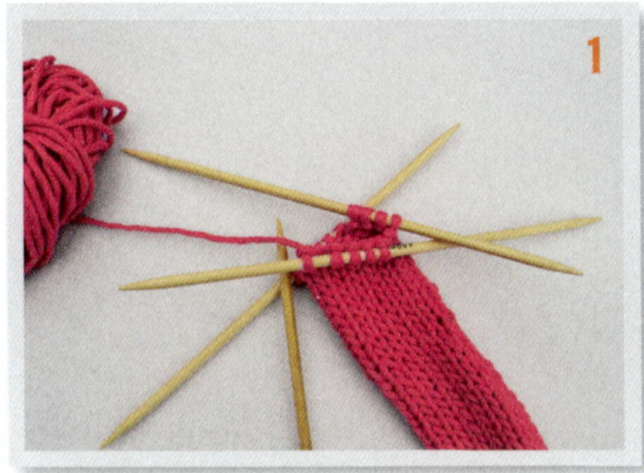

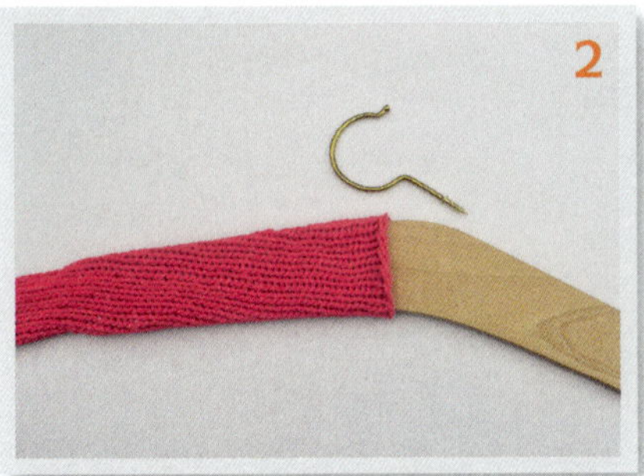

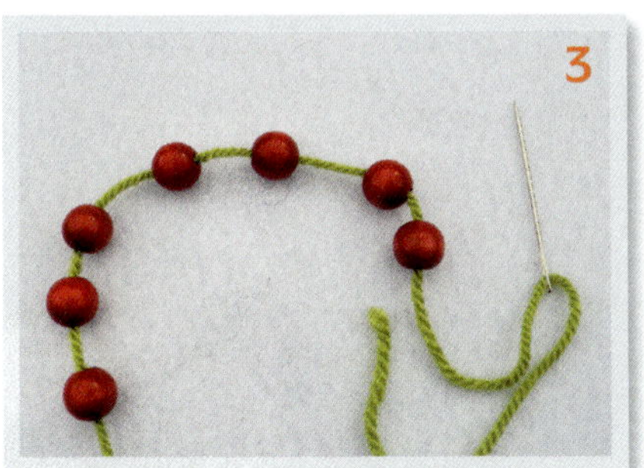

Kleiderbügel mit Krawatte

Ein Rechteck entsprechend der Größe des Kleiderbügels häkeln. Den Haken aus dem Bügel schrauben, das Rechteck über den Bügel legen und seitlich und unten mit festen Maschen zusammenhäkeln (oder zusammennähen).

Die Krawatte nach der Skizze rechts häkeln. Der „Knoten“ ist ein gehäkelter Ring aus 10 festen Maschen und 2 Runden.

Beim Häkeln sind einfache feste Maschen ebenso schön wie etwaige Muster, die man früher einmal gerne gehäkelt hat.

30 cm

4 cm

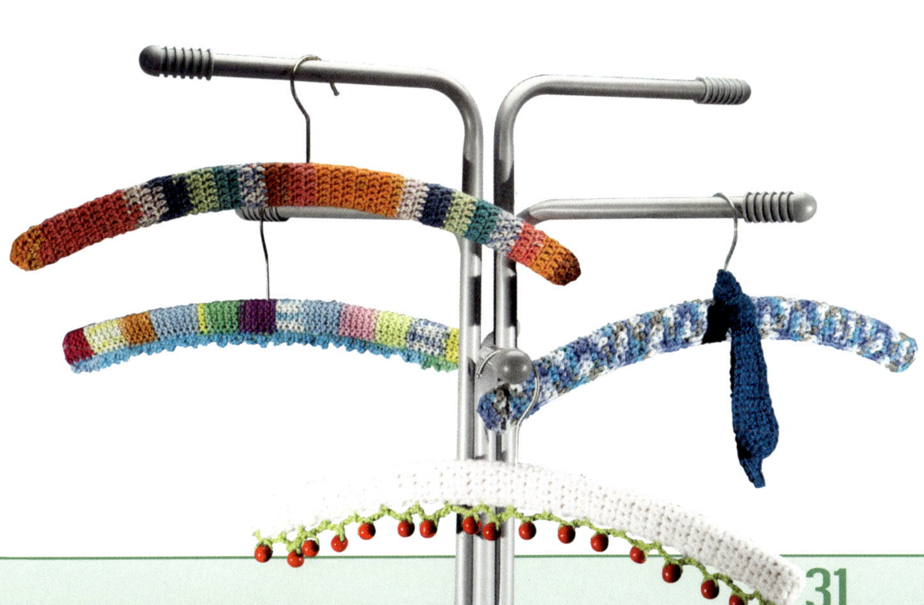

Kissen, gestrickt

Material je Kissen

- ca. 250 g Wolle, 80 m/50 g
- Stricknadel Nr. 4,5
- 4 Knöpfe

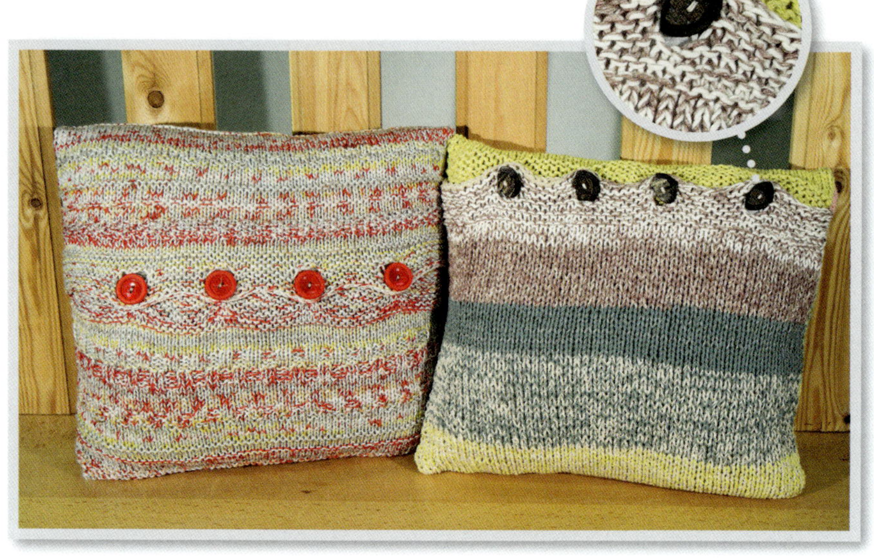

70 Maschen anschlagen und für die Knopflochleiste 5 cm im Kraus-Rechts-Muster (Vorder- und Rückreihe rechts) stricken. Mit einem Rechts-Links-Muster nach Belieben 14 cm stricken. Für die Rückseite des Kissens im Kraus-Rechts-Muster 30 cm stricken. Nun noch einmal 14 cm ein Rechts-Links-Muster und 5 cm im Kraus-Rechts-Muster für die 2. Knopflochleiste stricken, dabei gleichmäßig verteilt 4 Knopflöcher hineinarbeiten.

TIPP

Sollte das Stricken von Mustern zu schwierig sein, einfach im Kraus-Rechts-Muster weiterstricken. Auch Streifen in verschiedenen Farben können sehr ansprechend sein.

Knopfloch

Je nach Größe des Knopfes eine entsprechende Anzahl von Maschen – in diesem Fall 2 Maschen – abketten. In der nächsten Reihe an dieser Stelle wieder 2 Maschen anschlagen.

Rechts-Links-Muster

Das sind Muster, die nur mit rechten und linken Maschen gestrickt werden. Dazu gibt es im Fachhandel unzählige Vorlagen.

5 cm	Knopflochleiste	
15 cm	rechts/links Muster	
30 cm	Kraus-Rechts-Muster	70 cm
15 cm	rechts/links Muster	
5 cm		

Fensterkissen und Zugluftpolster

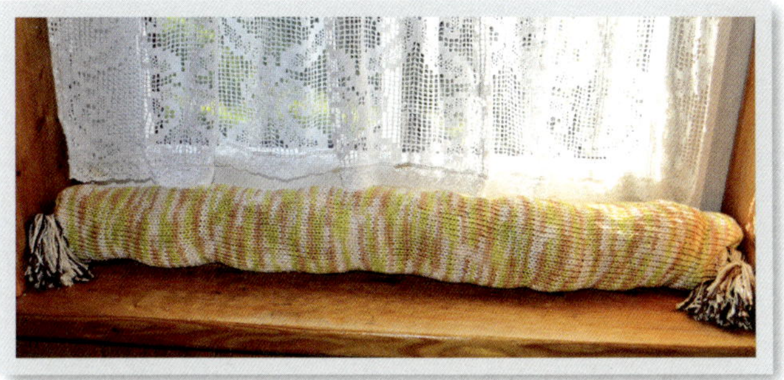

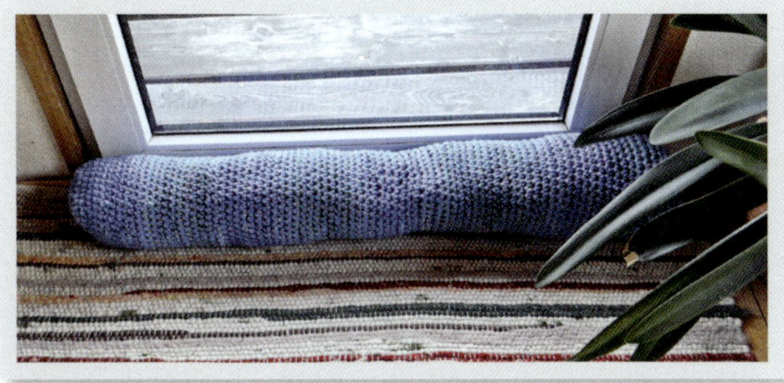

Material

- ca. 150 g Wolle, 80 m/50 g, für das Fensterkissen
- ca. 300 g Wolle, 80 m/50 g, für den Zugluftpolster
- große Strickmühle oder passende Stricknadeln/Häkelnadel
- waschbare Füllwatte

Für das gestrickte Fensterkissen

Mit der Strickmühle anschlagen (siehe Seite 10) und einen 90 cm langen Schlauch stricken.
Mit dem Fadenende (eine Nadel einfädeln) alle Maschen auffädeln, zusammenziehen und vernähen. Den Schlauch gleichmäßig mit Füllwatte füllen und das zweite Ende zusammenziehen und vernähen. An beiden Enden Quasten annähen.
Wenn man dieses Fensterkissen lieber mit Stricknadeln strickt, schlagen Sie ca. 40 Maschen an, schließen sie zur Runde und arbeiten, wie oben angeführt, weiter.

Für den gehäkelten Zugluftpolster

Eine 10 cm lange Luftmaschenkette anschlagen und mit festen Maschen in Reihen ein Quadrat von 10 x 10 cm häkeln. Das Quadrat umhäkeln und in Spiralrunden mit festen Maschen weiterarbeiten bis der Schlauch 90 cm lang ist.
Zum Abschluss wieder ein Quadrat von 10 x 10 cm häkeln (siehe Foto), den Polster mit Füllwatte füllen und die Seiten zunähen.

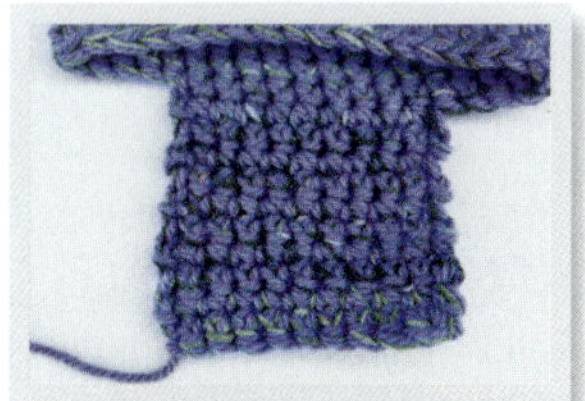

TIPP

Wenn man waschbare Füllwatte verwendet, kann man diese Werkstücke sehr gut in der Waschmaschine waschen.

Sitzkissen

gehäkelt und gestrickt aus Filzwolle

Material pro Sitzkissen

- ca. 200 g Wolle
- Strickfilz

Häkelmuster für Sitzkissen – wird in diesem Schema bis zur gewünschten Größe weitergehäkelt.

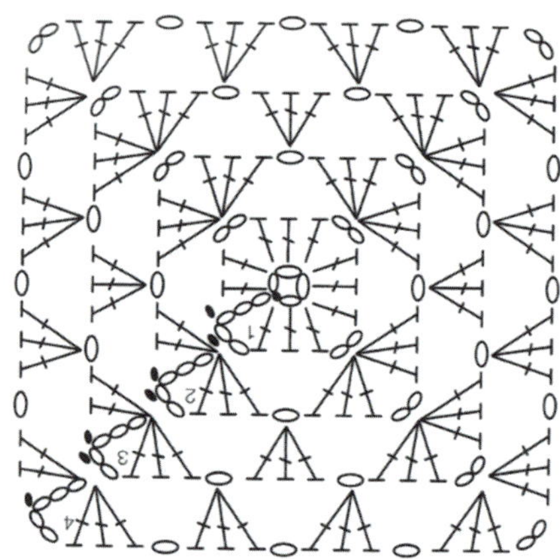

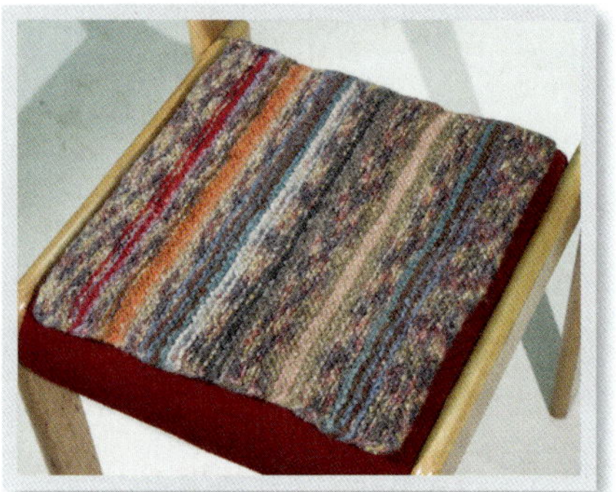

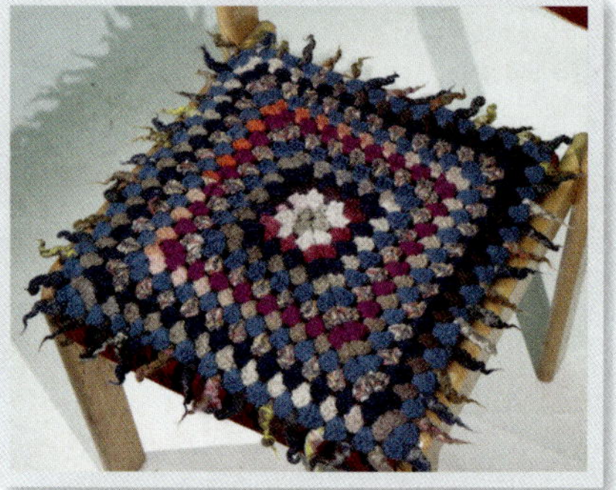

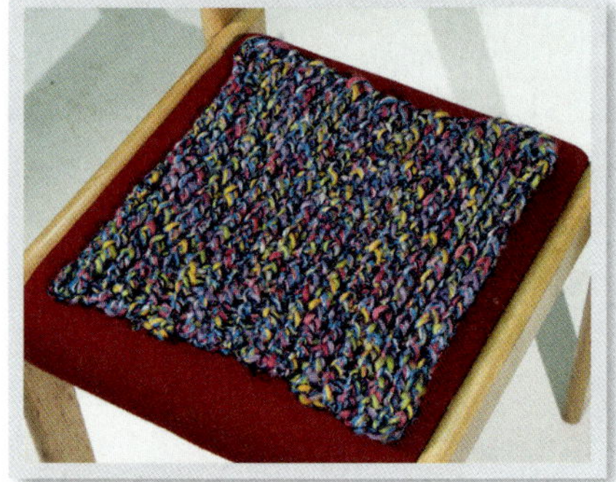

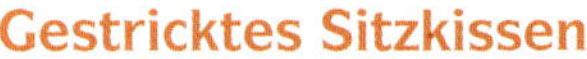

Gestricktes Sitzkissen

Das gestrickte Sitzkissen im Kraus-Rechts-Muster (Hin- und Rückreihe rechts) um 1/3 größer als die gewünschte Größe stricken. Anschließend, wie auf Seite 8 beschrieben, weiterarbeiten.

Gehäkeltes Sitzkissen

Das gehäkelte Sitzkissen mit Stäbchen um 1/3 größer als die gewünschte Größe nach der Häkelschrift häkeln. Zum Abschluss um jede Luftmasche 3 Fransen (Länge = 20 cm = fertige Länge ca. 8 cm) knüpfen. Anschließend, wie auf Seite 8 beschrieben, weiterarbeiten.

Buntes Sitzkissen mit dem Strickbrett gestrickt

Hierzu empfiehlt es sich, dickere Wolle oder mehrere Fäden zugleich zu verstricken.
Auf dem Strickbrett, wie auf Seite 10 angeführt, Maschen anschlagen und in gewünschter Länge stricken.
Alle Maschen abketten und (wenn gewünscht) einen Rand rundherum häkeln.

Alte Socke – neue Funktion

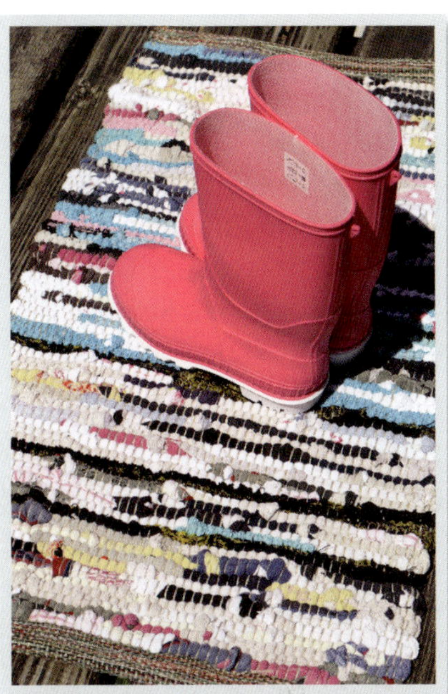

Material

- viele bunte alte/kaputte Socken (nicht zu dick)
- Schere

Die Socken in schmale Ringe schneiden (1+2) und diese zu einer langen Schnur ineinander verknüpfen (3+4). Aufgewickelt sollte das Knäuel ca. Faustgröße haben (5+6).
Diese Schnur anschließend auf einem Webstuhl zu Teppichen verweben.

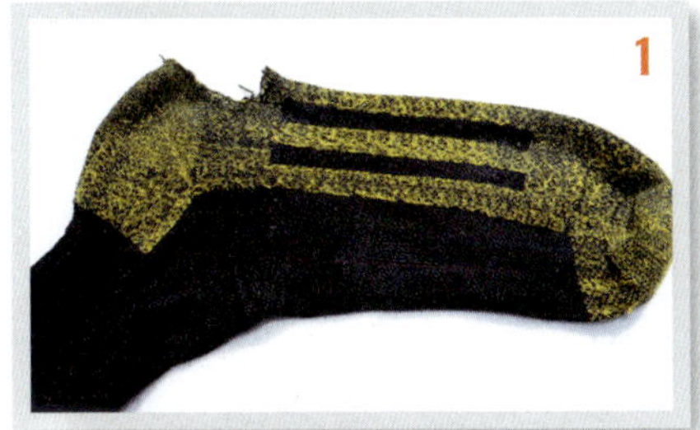
1

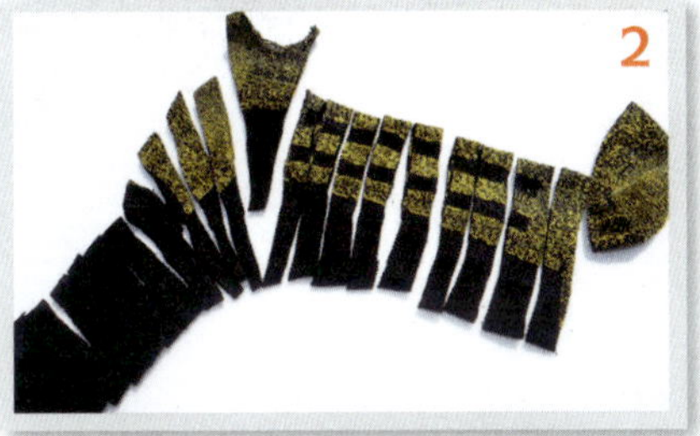
2

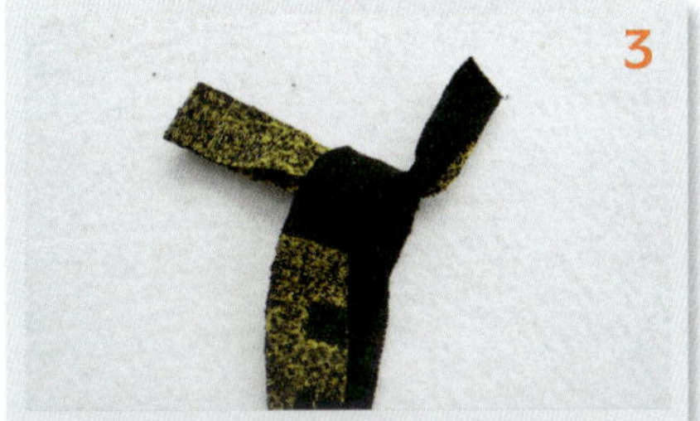
3

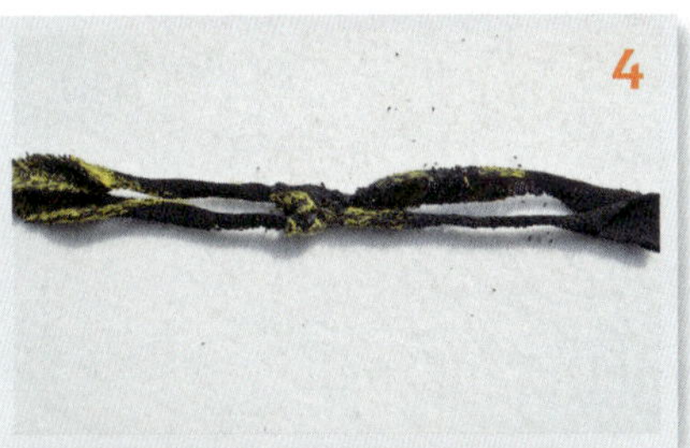
4

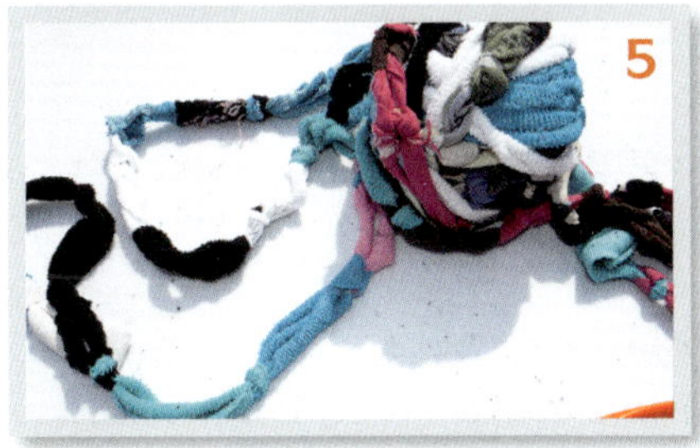
5

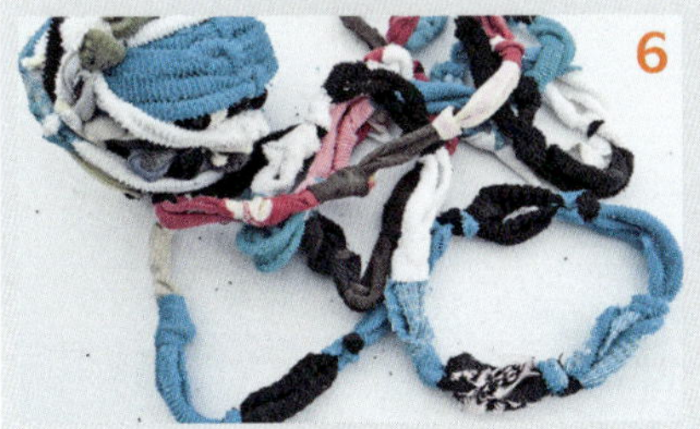
6

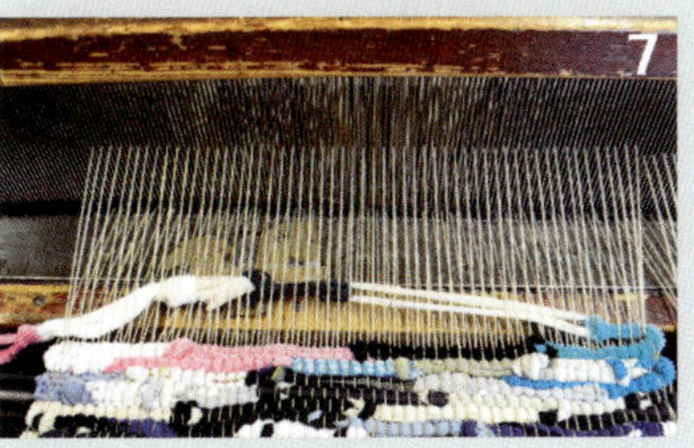
7

Pom-Pom-Girlande

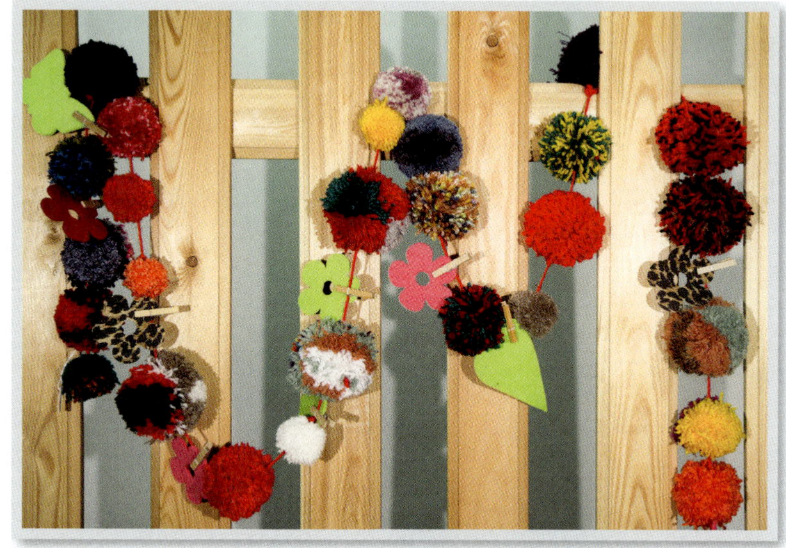

Material

- verschiedenste Wollreste
- starke Schnur in der entsprechenden Länge der Girlande
- gut schneidende Schere
- Pom-Pom-Maker, z. B. von Clover

So macht man Pom-Poms:

1. Den Maker auseinanderklappen.
2. Die Wolle um beide Teile wickeln, zusammenklappen.
3. Auseinanderschneiden.
4. Den Faden einlegen, zusammenbinden und gut verknoten.
5. Den Maker auseinanderziehen.

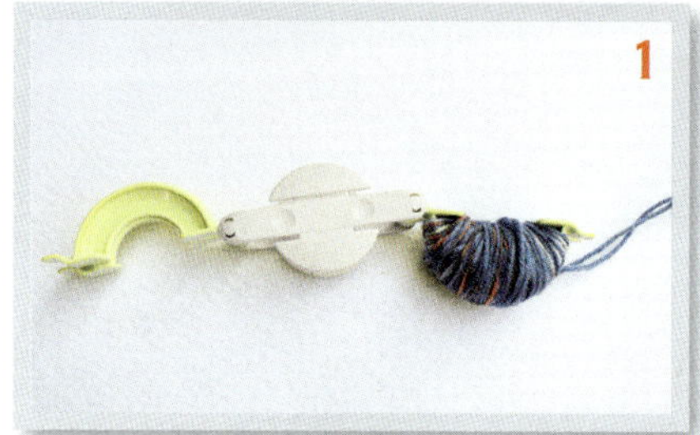

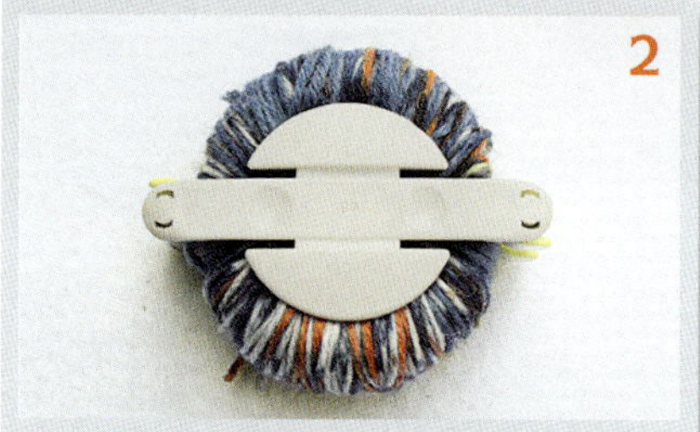

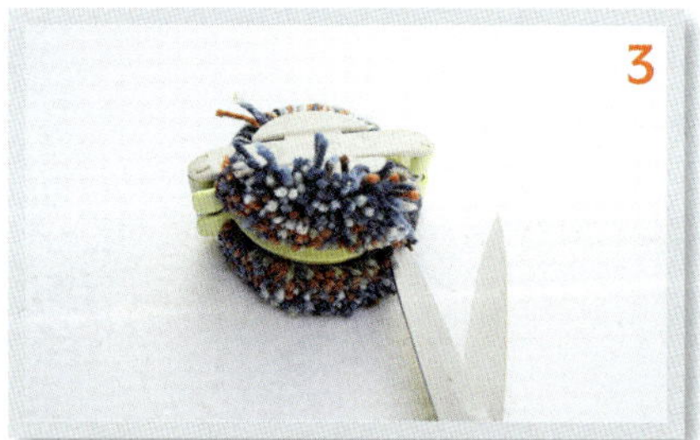

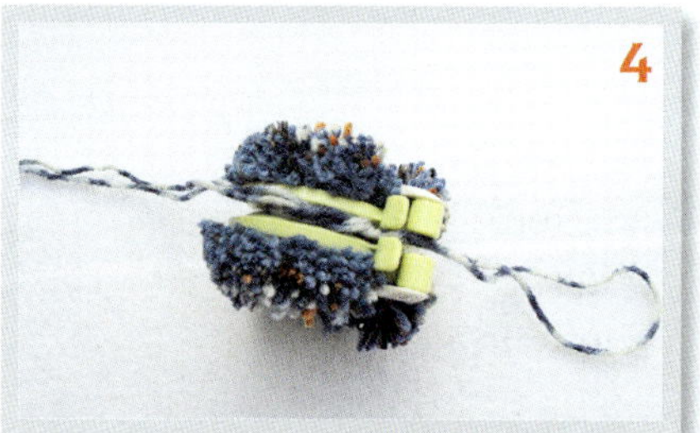

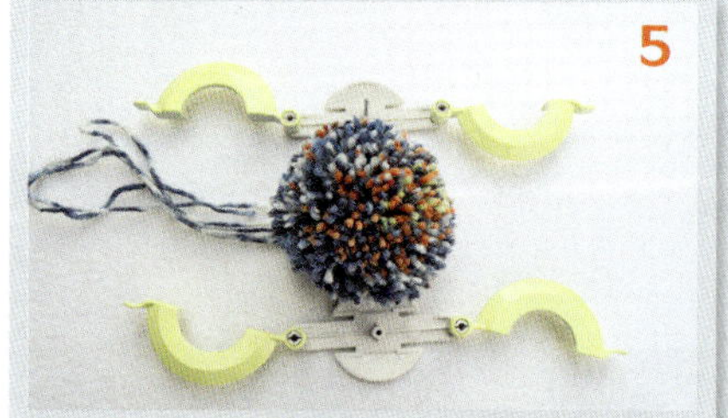

Mit dem Pom-Pom-Maker unterschiedliche Pom-Poms herstellen. Den Faden zum Zusammenbinden etwas länger lassen,

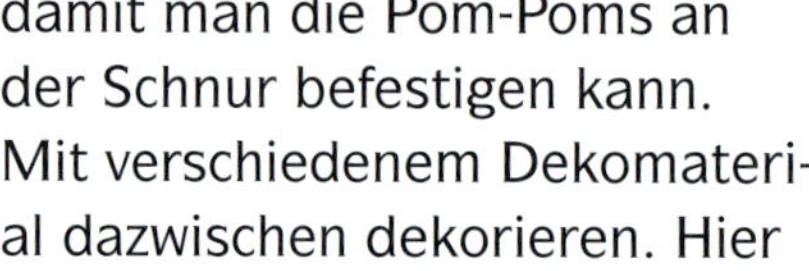

damit man die Pom-Poms an der Schnur befestigen kann. Mit verschiedenem Dekomaterial dazwischen dekorieren. Hier haben wir zum Beispiel kleine Wäscheklammern zum Befestigen der Dekoration verwendet.

Auf Aida gestickt

Material

- Aidastoff mit 24 Kästchen
- Perlgarn Nr. 5 oder ähnliches Garn
- Stumpfe Sticknadel, passend zum Garn

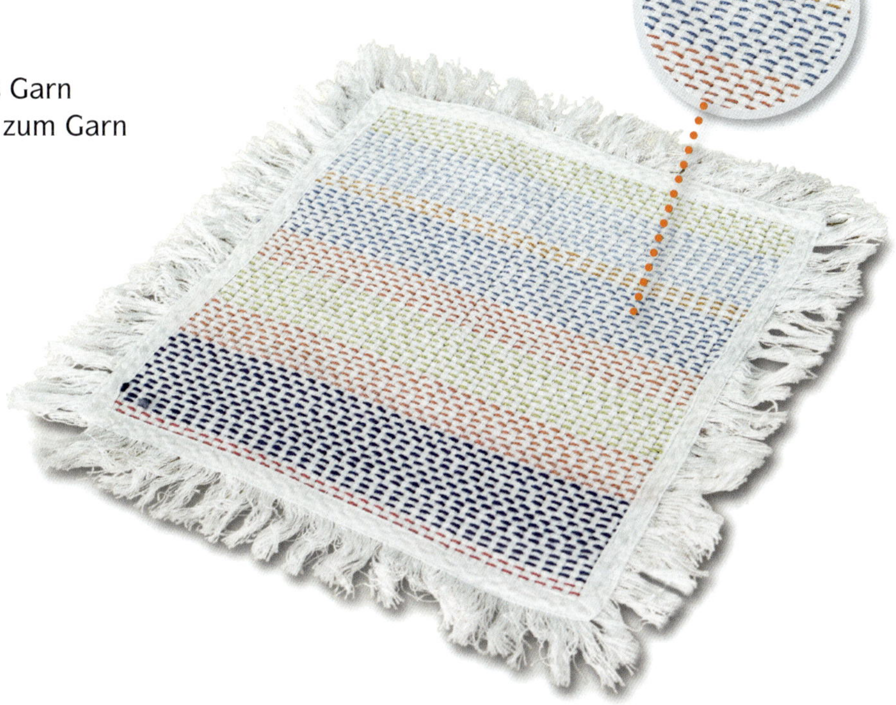

Aidastoff ist ein speziell gewebter Stoff für Stickarbeiten. Er ist in vielen Farben und Stärken – von ganz fein mit ca. 80 Stichen pro 10 cm bis ganz grob mit ca. 24 Stichen pro 10 cm – erhältlich.

Die gewünschte Größe vom Stoff zuschneiden. Mit dem Perlgarn in verschiedenen Farben ein Durchzugsmuster sticken (siehe großes Foto).

Das Deckchen mit der Nähmaschine mit einem Zickzack-Stich 2 cm vom Rand her umnähen und anschließend bis zu dieser Naht ausfransen.

Auch eine angenähte Borte, wie auf dem Foto, sieht sehr nett aus.

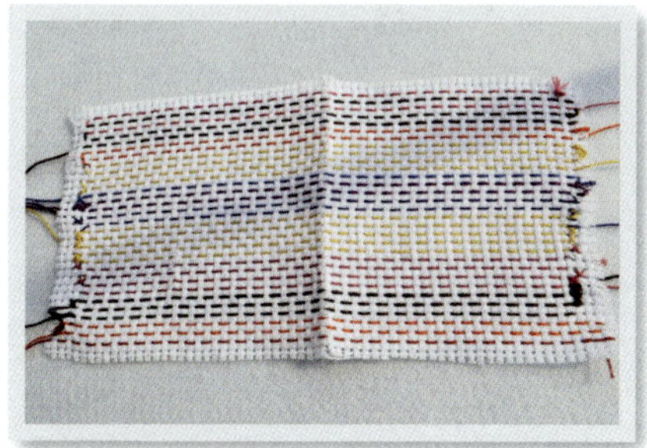

Siehe Nadelkissen, S. 24

Hühner, genäht

Material

- Stoffreste aus Baumwolle, 10 x 20 cm
- Knöpfe oder Perlen für die Augen
- Filzrest für den Schnabel
- Band zum Aufhängen
- Kordel für die Beine (ca. 10 cm pro Bein – an einem Ende ein Knoten)
- passendes Nähgarn

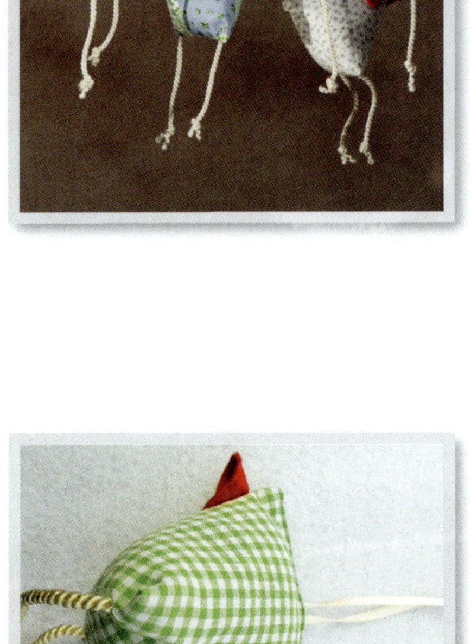

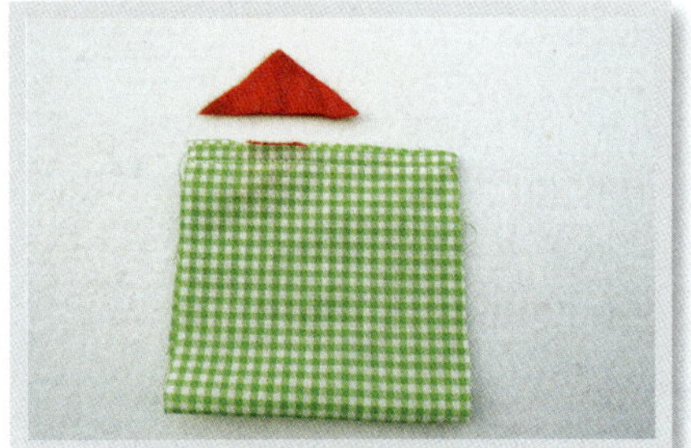

Schritt 1: Seitennaht schließen, dabei den Schnabel mitnähen

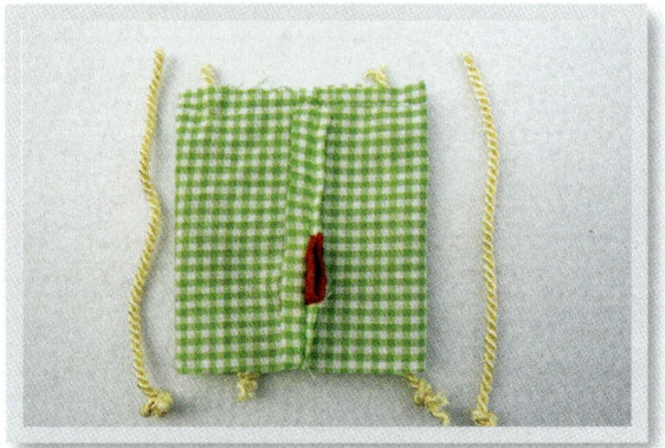

Schritt 2: Naht auseinanderstreifen, in die Mitte legen, seitlich ca. 1 cm entfernt die „Beine" einlegen und zunähen.

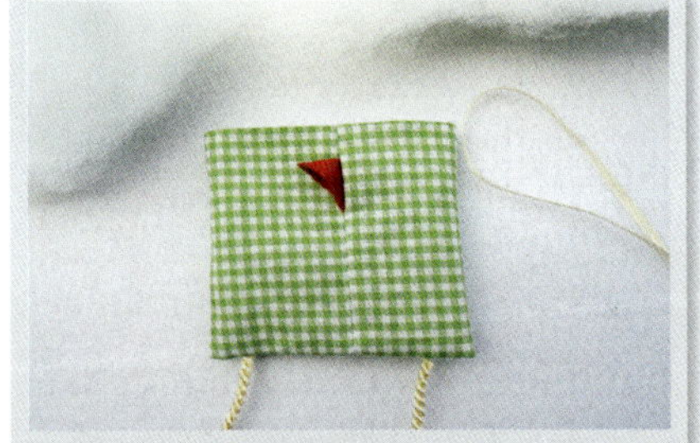

Schritt 3: Das Huhn umdrehen, den oberen Rand ca. 0,5 mm nach innen biegen, mit dem Fingernagel fest abstreifen.

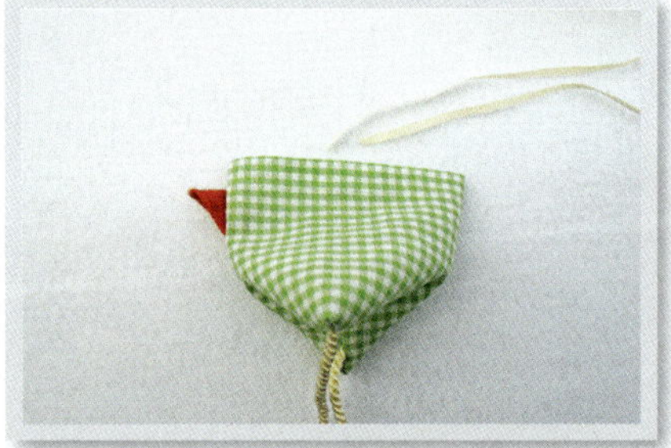

Schritt 4: Das Huhn so legen, dass die seitliche Naht wieder seitlich liegt.

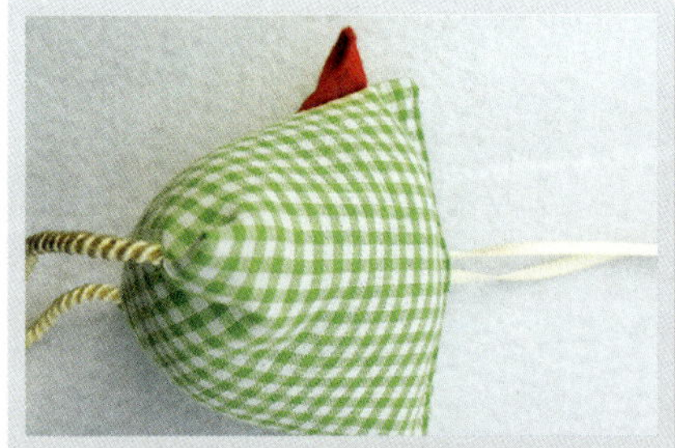

Schritt 5: Mit Füllwatte füllen, das Band zum Aufhängen einlegen und zusammensteppen. Zum Schluss die Augen annähen oder aufkleben.

Ostereier mit Stoff beklebt, bestickt und mit Wachs dekoriert

Mit Stoff beklebt

Material

- teilbare Acryl-Eier
- weiche Stofffleckerl mit Motiv
- Bänder zum Aufhängen und Verzieren
- Klebe-Stick
- Heißklebepistole

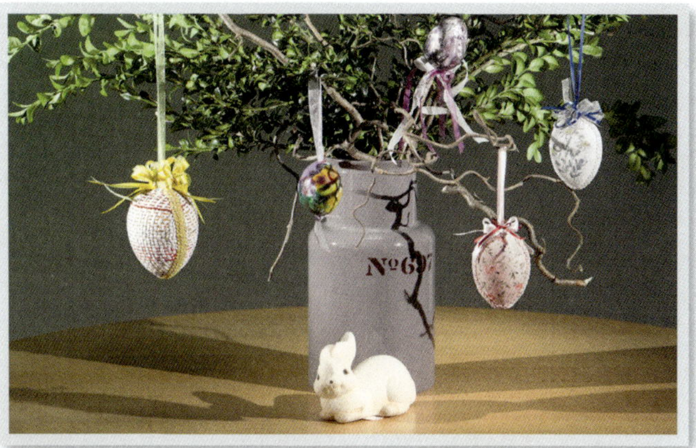

Das Ei teilen, mit dem Klebe-Stick flächig bestreichen, den grob zugeschnittenen Stoff darauflegen, mit den Fingern den Stoff vorsichtig nach außen streichen, dabei den Stoff in der Mitte dehnen und am Rand einhalten, bis der Stoff auf der Eihälfte klebt und keine Falten mehr bildet. Den überstehenden Stoff kantig wegschneiden. Die zweite Seite genauso bekleben. Beide Hälften zusammenstecken, mit einer Borte den Stoß mit der Heißklebepistole überkleben. In die Öse des Eis ein Band zum Aufhängen einfädeln und eine kleine Masche ankleben.

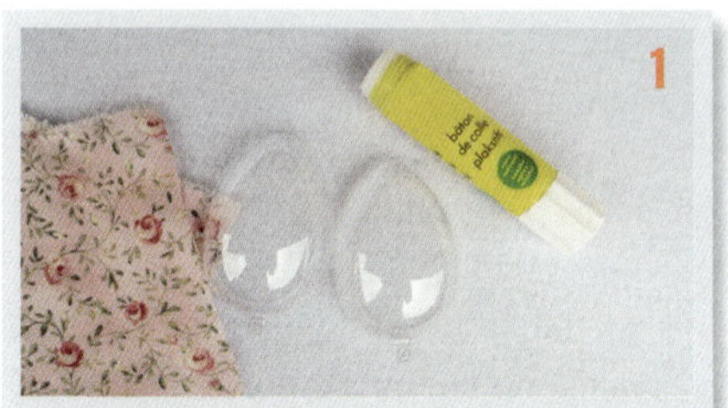

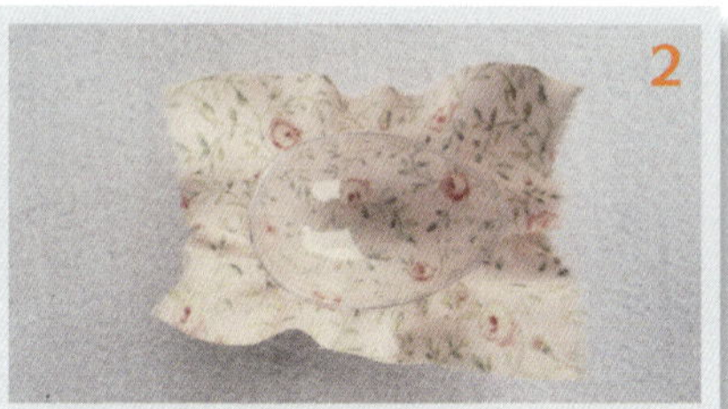

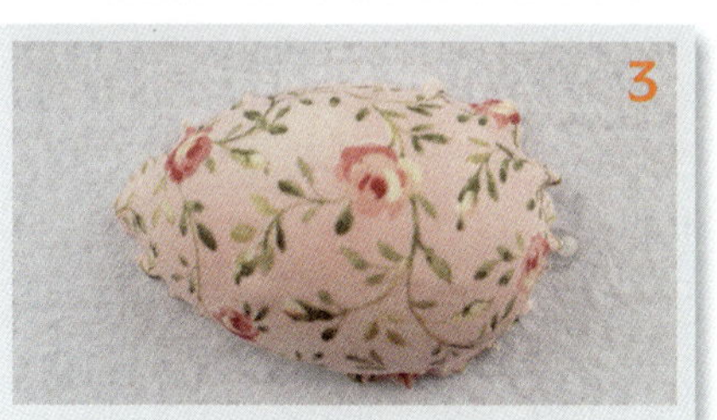

TIPP

Man kann auch weißen Stoff mit Filzstiften bemalen und diesen dann auf die Eier kleben.

Bestickt

Material

- teilbare Acryl-Eier
- bestickten Stoff
- Bänder zum Aufhängen und Verzieren
- Klebe-Stick
- Heißklebepistole

Gleich wie links beschrieben.

Aus Wachs

Material

- Plastikei
- Wachsplatten (bunte Reste)
- Glanzlack
- Bänder für Masche
- dünner Stab, passend zum Ei

Das Ei wird, wie auf Seite 40 (Gartenkugel aus Wachs) beschrieben, gearbeitet

Zart gestrickt mit Blüten

Material

- Häkelgarn Nr. 10
- Strickmühle
- Filzblüten und andere Deko
- Heißklebepistole

Die Maschen auf der Strickmühle laut Anleitung auf Seite 10 anschlagen und einen ca. 180 cm langen Schlauch stricken.
Den Schlauch von der Strickmühle fallen lassen. Am oberen und unteren Ende einen Knoten machen und den Schlauch außen mit Filzblüten und anderer Deko verzieren (mit Heißklebepistole oder Wäscheklammern).

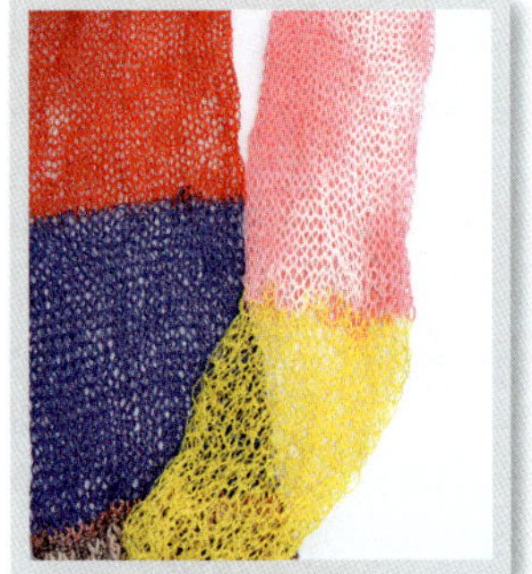

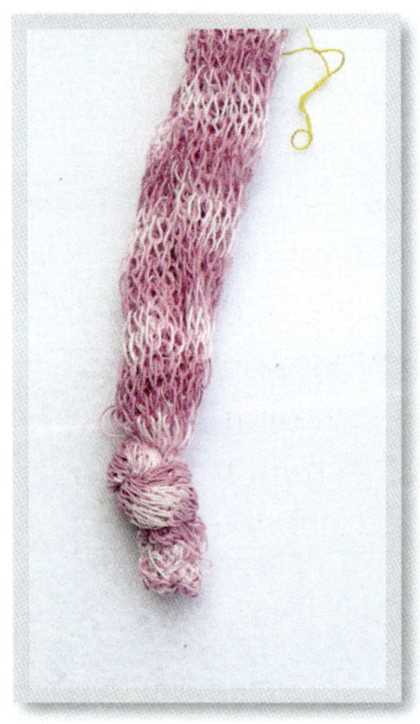

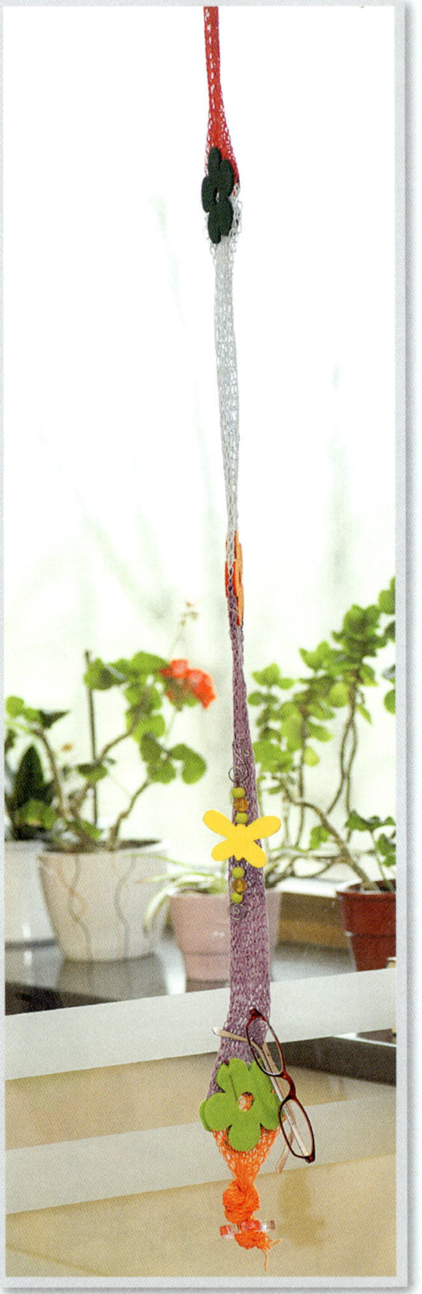

Blumentopf und Gartenkugel

mit Stofffleckerln

Material

- dünne Stofffleckerl
- Bastelkleber (Holzleim)
- Pinsel
- Schere
- Blumentopf aus Ton nach Wahl
- Spitze
- Kunststoffkugel mit passendem Stab
- Bänder für die Masche

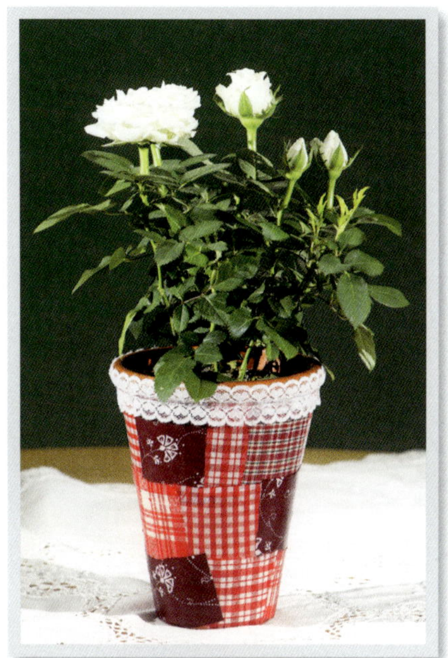

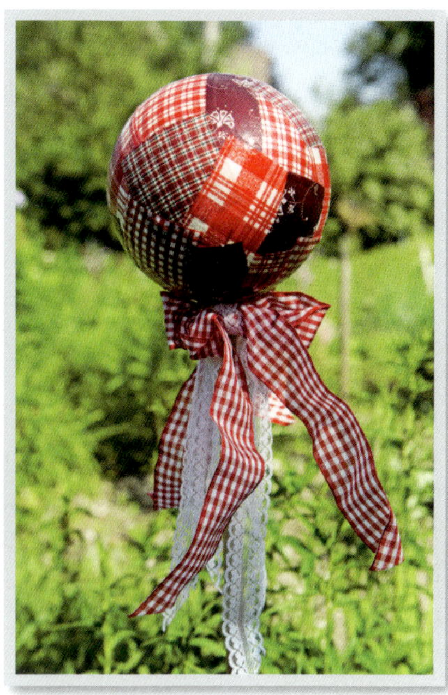

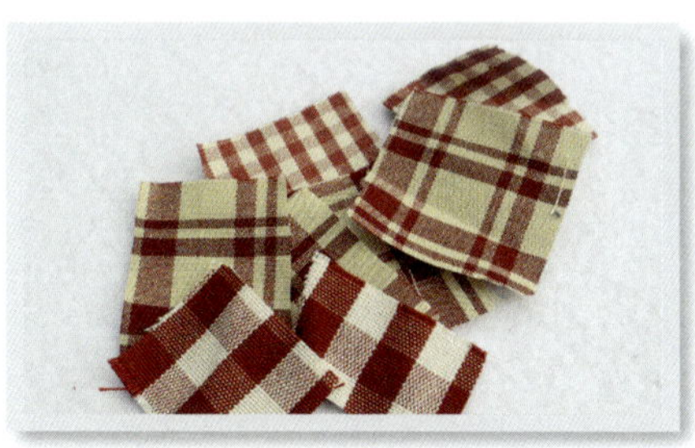

Die Stofffleckerln in kleine Rechtecke zuschneiden und mit Bastelkleber überlappend aufkleben. Nach dem Trocknen noch einmal die ganze beklebte Fläche mit Bastelkleber überstreichen.

Den Stab in die Kugel einkleben und mit Bändern verzieren.

Auf den Blumentopf am oberen Rand eine Spitze aufkleben.

Gartenkugel aus Wachsresten

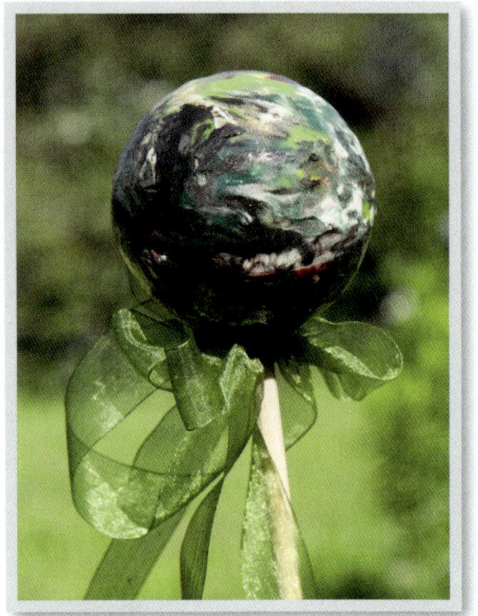
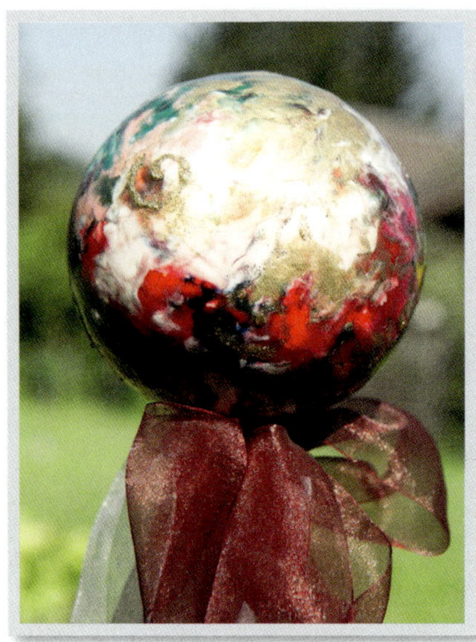
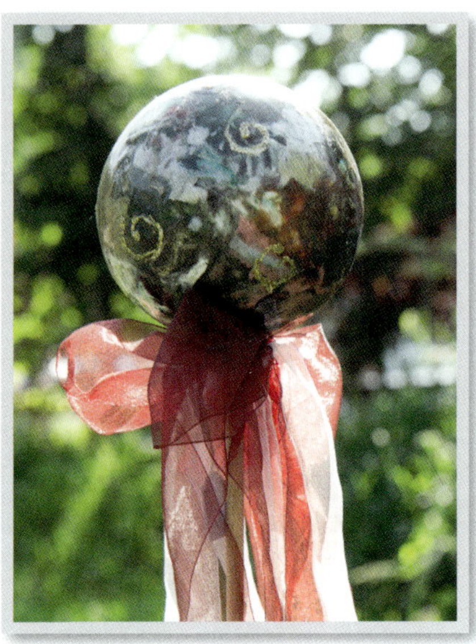

Material

- Wachsplatten (bunte Reste)
- Kunststoffkugel mit passendem Stab
- Glanzlack
- Bänder für Masch

Die Kunststoffkugel flächendeckend mit einer Schichte Blattwachs bekleben (klebt durch die Handwärme von selber!) und die Übergänge leicht verwischen (1+2). Nun noch eine zweite Schicht Blattwachs drüberkleben. Die Kugel in handwarmes Wasser tauchen (Schale oder Wasserleitung) und so lange das Wachs vorsichtig verwischen, bis es eine gleichmäßige Fläche ergibt, dadurch entsteht dieser memorierte Effekt (3).
Den Stab in die Kugel einkleben und mit Glanzlack bestreichen (oder besprühen). Nach dem Trocknen mit Bändern verzieren.

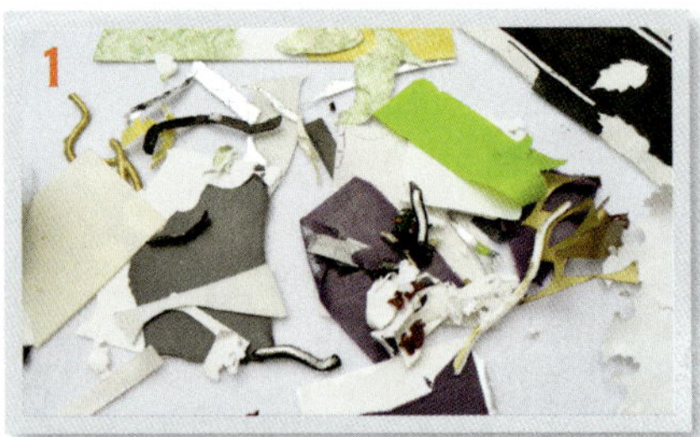
1

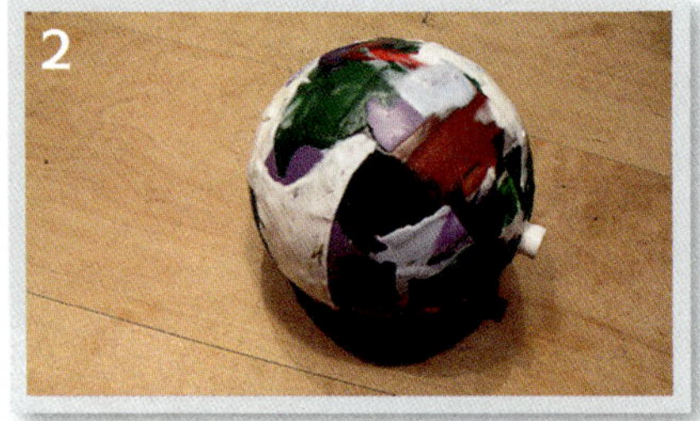
2

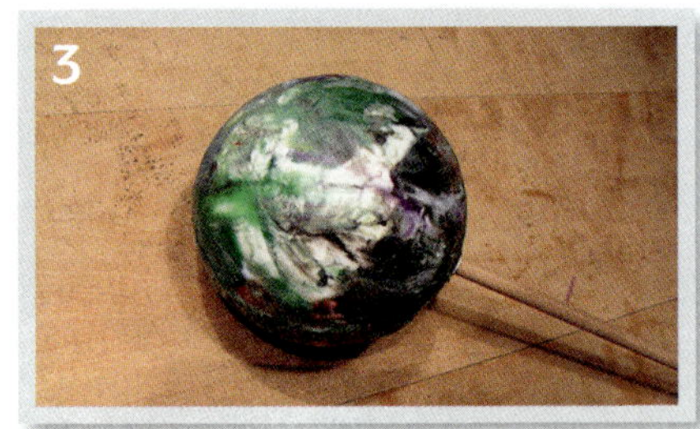
3

Gartenkugel mit Serviettentechnik

Material
- Papierservietten mit Motiven
- Kunststoffkugel mit passendem Stab
- helle Acrylfarbe (passend zur Serviette)
- Serviettenkleber
- Glanzlack
- Pinsel und Stupfschwamm
- Schere
- Bänder für die Masche

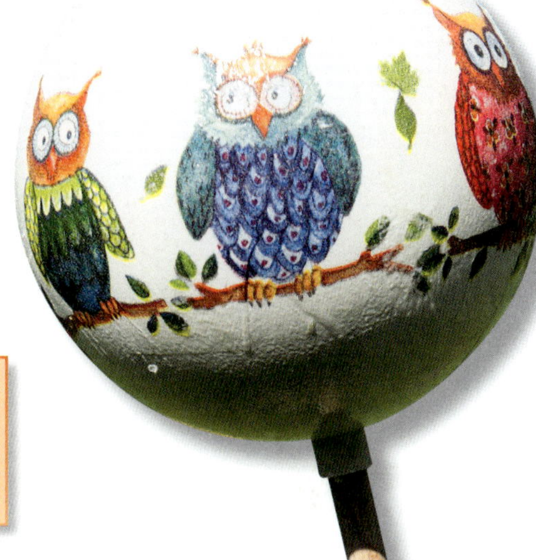

Den Stab in die Kunststoffkugel kleben, die Kugel mit Acrylfarbe betupfen und gut trocknen lassen. Das Motiv aus der Serviette ausschneiden, die oberste Lage der Serviette von den beiden unteren lösen und das Motiv mit dem Serviettenkleber auf die Kugel kleben. Dazu legt man das Motiv auf die Kugel und bestreicht von der Mitte aus das ganze Motiv mit dem Kleber. So kleben Sie nach und nach alle Motive auf die Kugel. Nach dem Trocknen die ganze Kugel mit Glanzlack bestreichen (oder besprühen). Nachdem der Glanzlack getrocknet ist, eventuell mit Bändern verzieren.

TIPP

Die Motive sollten eher klein sein, da diese sich leichter und faltenfrei aufkleben lassen.

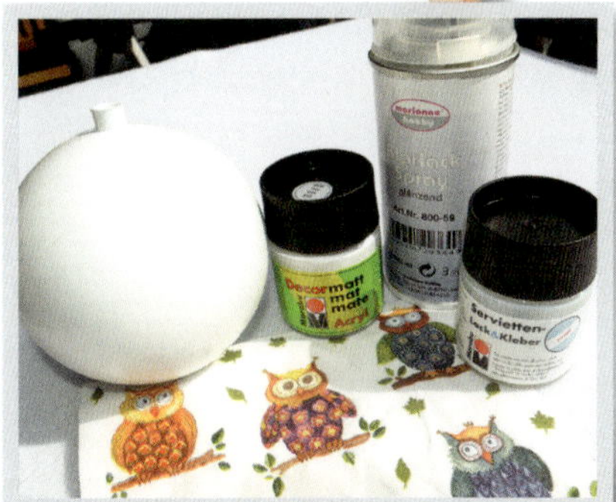

TIPP

Die Acrylfarbe soll die gleiche Farbe haben wie der Hintergrund der Serviette. Bemalen Sie auch bei einer weißen Serviette die Kugel zuerst mit weißer Acrylfarbe, damit der Kunststoffeffekt der Kugel verschwindet. Wenn man die Farbe mit einem Schwamm auftupft, hat man einen schöneren Effekt, da man keine Pinselstriche sieht.

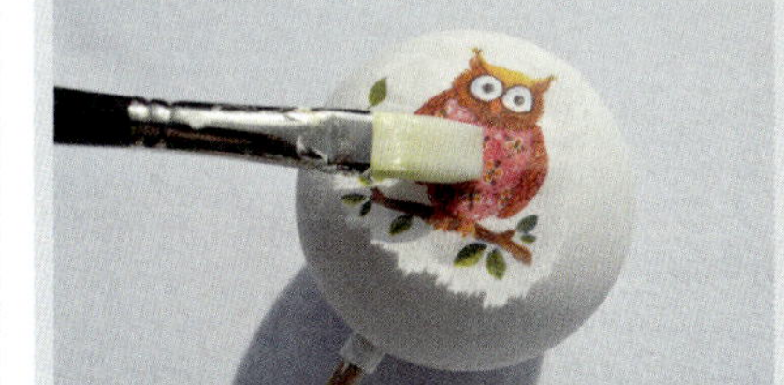

Schlüsselanhänger

Material

- verschiedene Wollreste
- passende Häkelnadel/Stricknadeln
- Schlüsselring

Schlüsselring in Blau/Grün

Eine 20 cm lange Luftmaschenkette anschlagen und eine kleine Schlaufe biegen (1 + 2). Nun diese Luftmaschenkette mit festen Maschen umhäkeln (2 Runden mit Blau, 2 Runden mit Grün), dabei in den Rundungen und Ecken immer 3 Maschen in eine Masche der Vorreihe arbeiten. Zum Schluss den Schlüsselring „spalten" und in die Schlaufe einfädeln und den Schlüsselhaken einfädeln.

Schlüsselanhänger in Weiß/Orange

Eine 25 cm lange Luftmaschenkette anschlagen und 1 Reihe feste Maschen mit weißer Wolle häkeln und den Faden abschneiden (die Fäden ca. 10 cm lang abschneiden, damit man sie zum Schluss verknoten kann). Nun noch 5 Reihen feste Maschen häkeln, dabei in jeder Reihe die Farbe wechseln und immer auf der gleichen Seite beginnen. Nach insgesamt 6 Reihen den Schlüsselring auf das Band schieben, in der Mitte falten und den Rand auf beiden Seiten zusammenhäkeln. Alle Fäden in einem Knoten verknüpfen.

Schlüsselanhänger in Blau

Eine 15 cm lange Luftmaschenkette anschlagen und 1 Reihe Stäbchen häkeln. Den Faden abschneiden.
Mit der nächsten Farbe 10 Stäbchen häkeln. Dann eine ca. gleichlange Luftmaschenkette anschlagen, wie die schon vorhandene ist, und mit Stäbchen wieder zurückhäkeln. Oben angekommen, die Arbeit etwas drehen und mit einer Kettenmasche die beiden Stäbchen verbinden. So weiterarbeiten, bis insgesamt 5 „Fransen" entstanden sind. Alle Fäden vernähen und das Ende umnähen – dabei den Schlüsselring mitfassen.

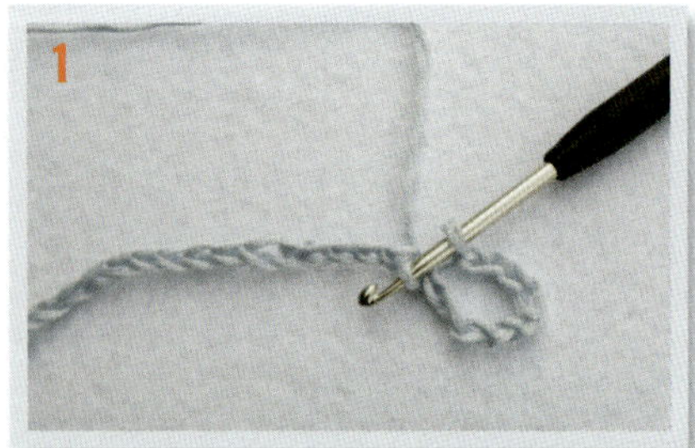
1

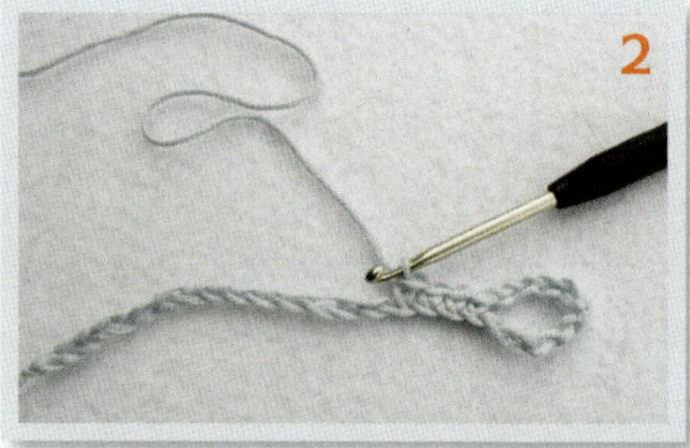
2

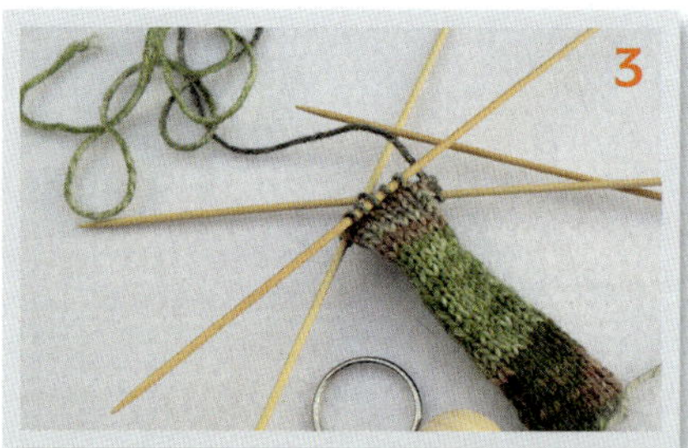
3

Schlüsselring – Bonbon

Zusätzliches Material

- 1 Holzkugel durchgebohrt, 25 mm

15 Maschen anschlagen, auf 3 Nadeln verteilen und einen 8 cm langen Schlauch stricken (3). Alle Maschen abketten und die Fäden vernähen. Eine 15 cm lange Luftmaschenkette häkeln, doppelt durch die Holzkugel fädeln und auf einer Seite so verknoten, dass diese nicht mehr aus der Kugel rutschen kann. Diese Kugel in den Schlauch stecken und den Schlauch oberhalb und unterhalb der Kugel abbinden. Zum Schluss den Schlüsselring „spalten" und in die Schlaufe einfädeln.

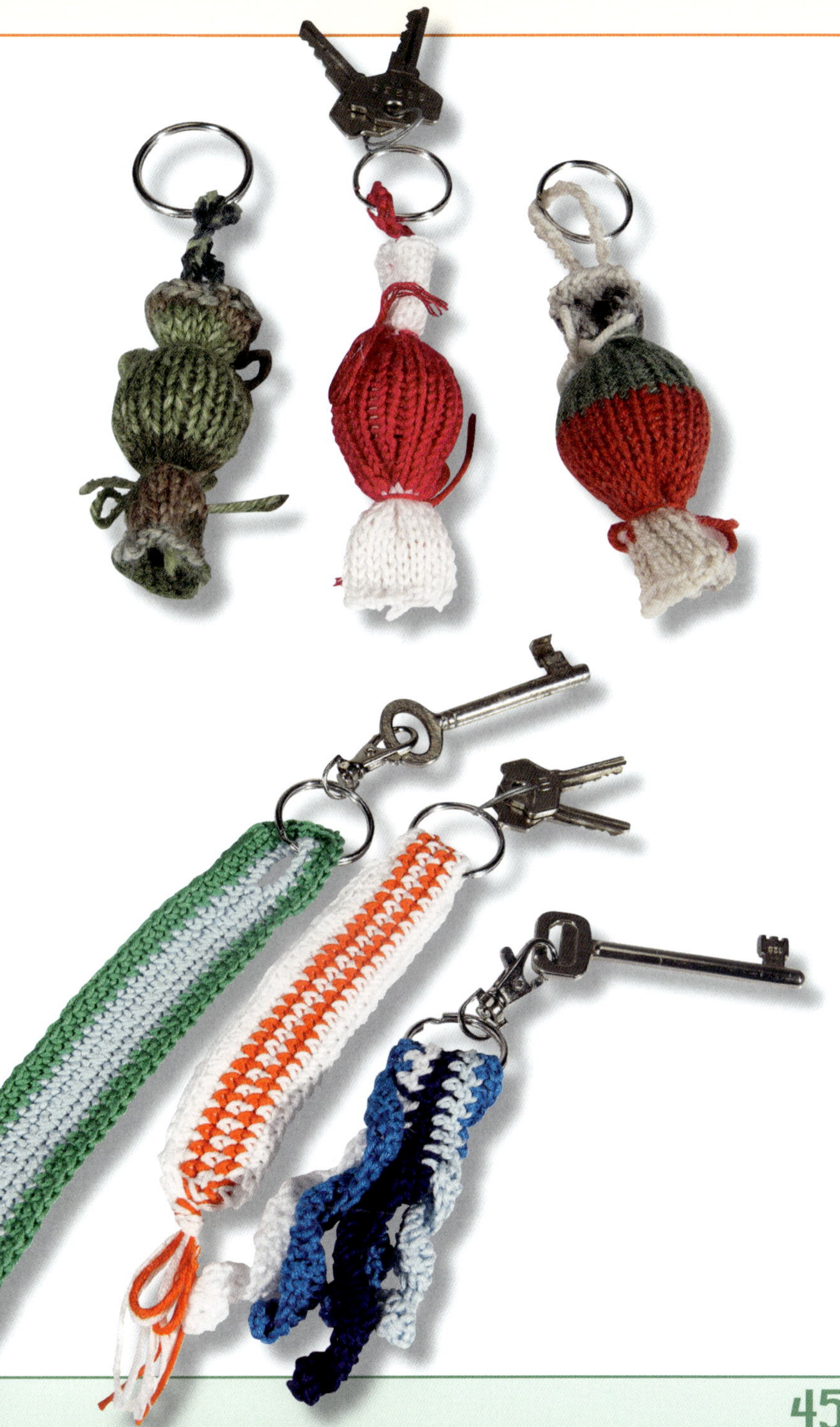

Dahlie aus Filz

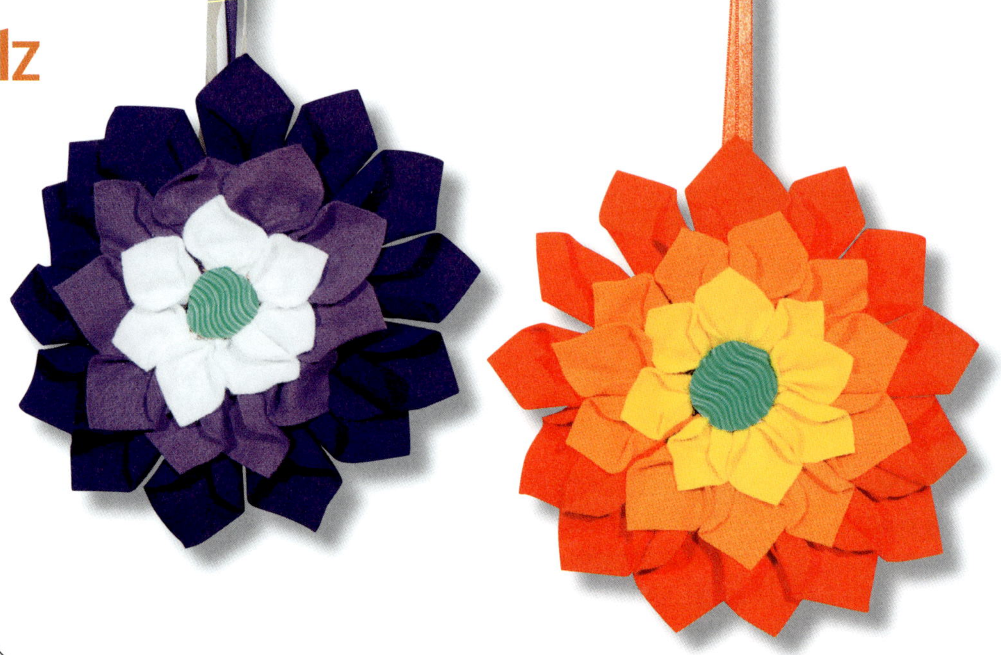

Material

- Bastelfilz, 1 mm dick, 3 Farben pro Blüte (je ca. 15 x 20 cm)
- bunter Karton (Reste), z. B. Wellpappe
- Büroklammermaschine
- Heißklebepistole
- dünner Filzstift

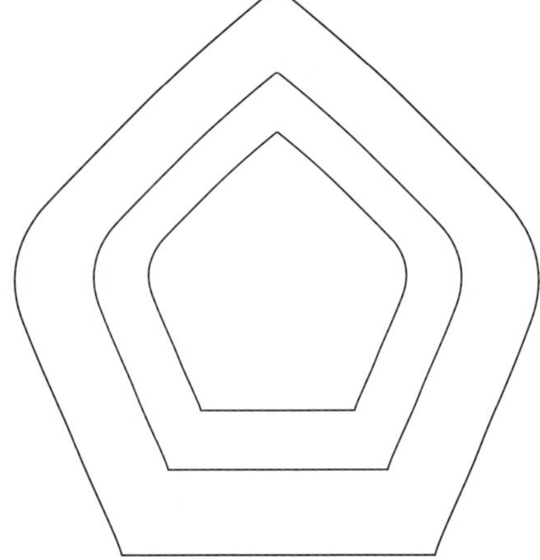

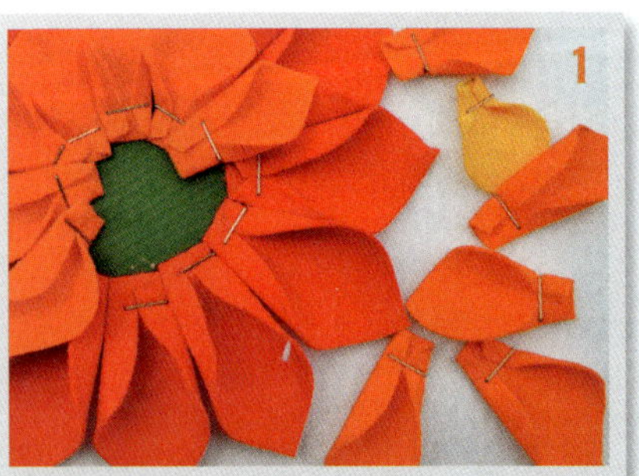

Die Skizze der Blüten auf den Karton übertragen und ausschneiden. Diese Schablone mit einem Filzstift auf den Filz übertragen und ausschneiden (ca. 14 große, 11 mittlere und 8 kleine Blüten).
Die Blüten zusammenfalten und mit der Klammermaschine fixieren.

Aus dem Karton einen Kreis im Durchmesser von 10 cm ausschneiden und darauf die Blüten Runde für Runde mit Heißkleber aufkleben (1).
Für die Mitte einen kleinen Kreis von 3 cm aus Karton ausschneiden und aufkleben.
Den Faden zum Aufhängen befestigen.

TIPP

Sollten die Dahlien frei aufgehängt werden, kann man auch 2 Blumen Rücken an Rücken zusammenkleben.

Blättervorhang

Material

- Naturfarbener Bastelkarton, 300 g/m^2
- Acrylfarbe in verschiedenen Herbstfarben
- Stupfpinsel/Stupfschwamm
- einen Ast
- Wolle oder Bast zum Auffädeln
- passende spitze Nadel
- Karton für die Schablonen

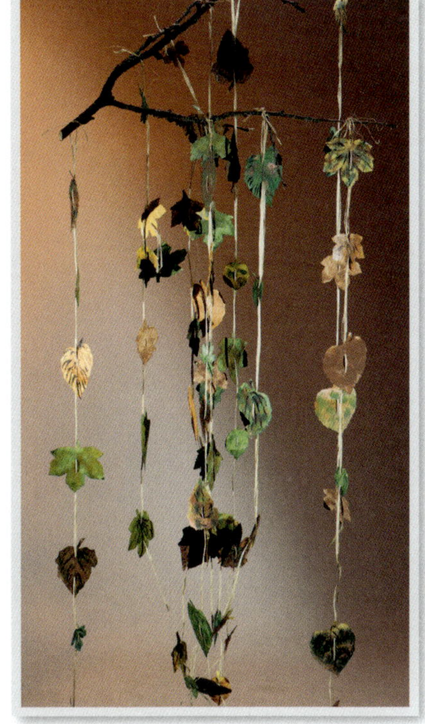

Vorlagen ca. 200% vergrößern

Die Skizze der Blätter auf einen Karton übertragen und ausschneiden. Mit Hilfe dieser Schablonen die Blätter auf den Bastelkarton übertragen und ausschneiden.
Nun die Blätter beidseitig mit der Acrylfarbe bunt durcheinander betupfen.
Die trockenen Blätter auf einem Tisch in gewünschter Reihenfolge auflegen, mit dem Bast oder der Wolle auffädeln und am Ast befestigen.

TIPP

Wenn man mehrere Acrylfarben auf einen Teller gibt und den Stupfpinsel nacheinander in verschiedene Farben eintaucht, ergibt das eine wunderschöne Farbstruktur.

Bedruckte Weihnachtskarten

Material

- Karten nach Wunsch
- Schablonen (Embossing)
- Stempel
- Acrylfarbe
- Stupfpinsel
- Pinsel
- Stift zum Beschreiben

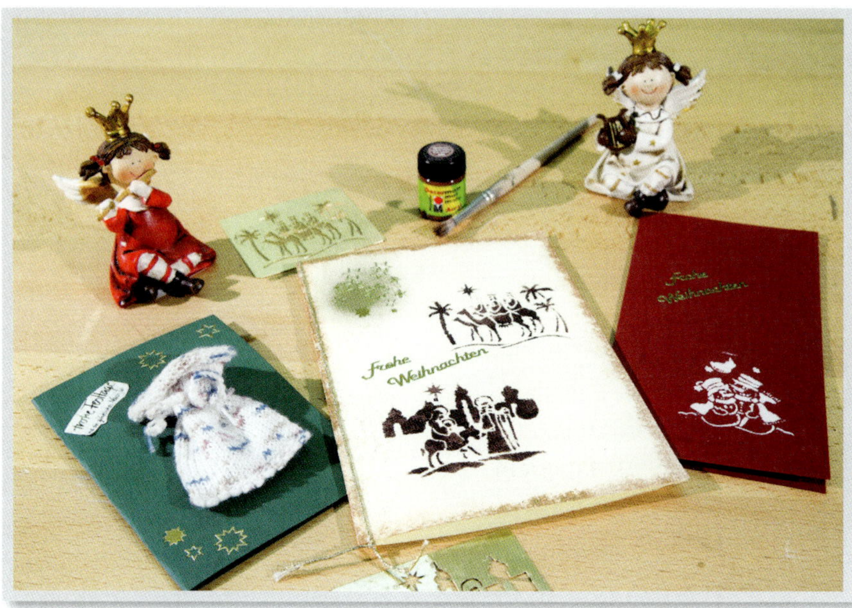

Karte für Geldgeschenke

Ein Säckchen von 5 x 8 cm stricken und auf eine Glückwunschkarte kleben.

Die Schablone auf die Karte auflegen und mit dem Stupfpinsel mit **wenig Farbe** das Motiv nachtupfen – **nicht streichen!** Die Schablone vorsichtig abheben.
Wenn mehrere Karten gemacht werden, die Schablone auf der Rückseite vorsichtig abwischen und den Vorgang wiederholen.

Wenn die Schablone nicht mehr gebraucht wird, mit Wasser und eventuell Geschirrspülmittel vorsichtig abwaschen und gut trocknen lassen (nicht reiben und wischen – sonst verbiegen sich die Kanten der Schablone). Zum Schluss die Karte beschriften.

Embossing-Schablonen sind Schablonen aus Metall, sehr stabil und verrutschen oder verbiegen nicht so leicht. Bei den **Stempeln** auf kleine Motive achten; man braucht für sie weniger Druck beim Arbeiten. Die Farbe mit einem Pinsel auf den Stempel auftragen.

TIPP

Bevor Sie mit dem Schablonieren bzw. Stempeln auf den Karten beginnen, probieren Sie es auf einem Blatt Papier so lange aus, bis Sie das richtige Gefühl für Druck und Farbe haben.

Weihnachtliche Filzanhänger

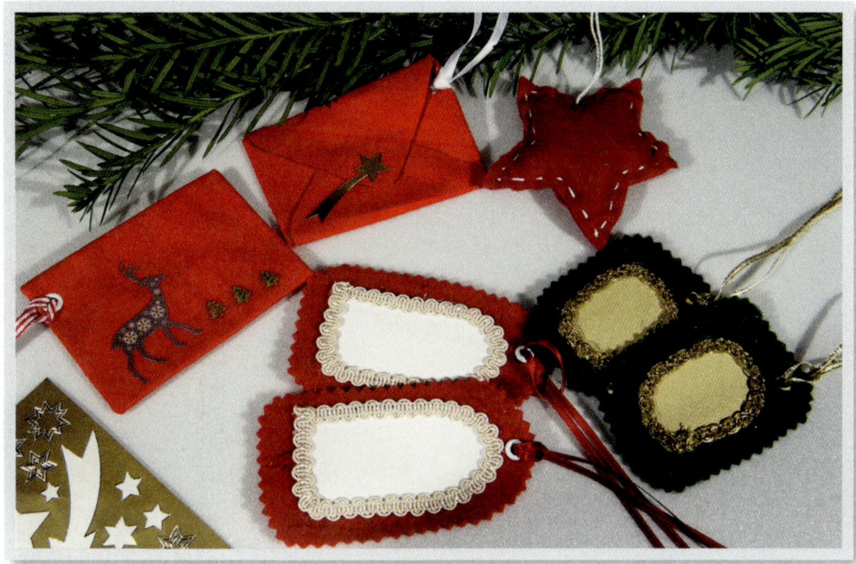

Kuvert

Material

- Bastelfilz, 1 mm dick
- Alleskleber
- Karton für Schablone
- Filzstift

Die Skizze auf Karton übertragen und ausschneiden. Diese Schablone mit einem Filzstift auf den Filz übertragen und ausschneiden. Gemäß der Skizze falten, eventuell leicht bügeln und wie ein Kuvert zusammenkleben.

5,5 cm
Bug
3 cm
6 cm
3 cm
Bug
12 cm
3,5 cm
12 cm

Anhänger

Material

- Filzreste, 3 mm dick
- Papierreste
- Bortenreste
- Ösen + Werkzeug
- Bänderreste
- Zackenschere
- Heißklebepistole

Aus Filz kleine Anhänger ausschneiden (mit der Zackenschere schaut das sehr nett aus). Auch aus Papier ein etwas kleineres Blatt ausschneiden und mit Heißkleber auf den Filz aufkleben. Eine Borte rund um das Papier aufkleben, die Öse laut Anleitung auf der Verpackung einschlagen und ein Band einziehen.

Filzstern

Material

- Bastelfilz, 1 mm dick
- Perlgarn Nr. 5 oder Häkelgarn
- passende spitze Nadel
- Füllwatte

Den Stern (Vorlage Seite 51) auf einen Karton übertragen und ausschneiden. Diese Schablone mit einem Filzstift auf den Filz übertragen und ausschneiden. Zwei Sterne mit einfachen Vorstichen bis auf eine Seite zusammennähen, Füllwatte einfüllen und fertig zunähen.
Einen Faden zum Aufhängen anbringen.

Kranz mit Sternen

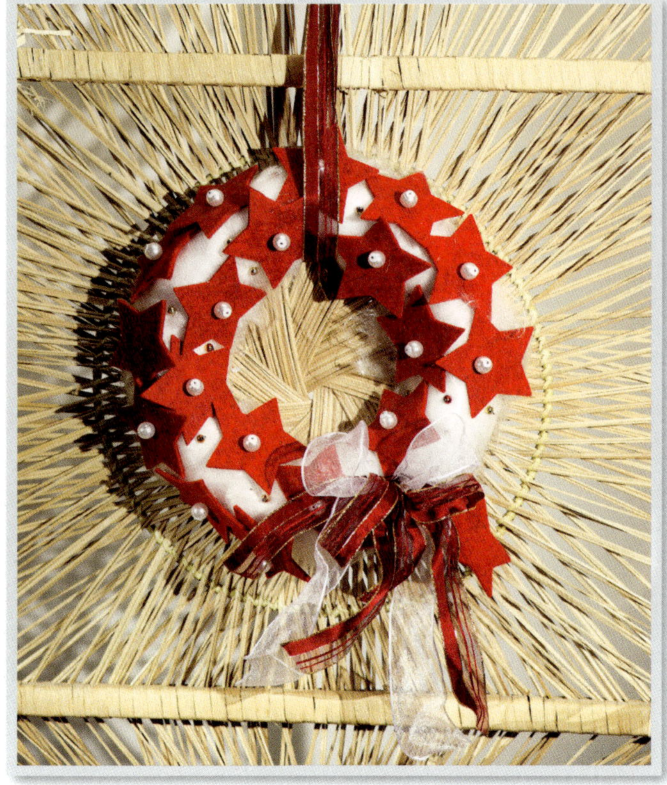

Großer Kranz

Material

- Styroporreifen, 25 cm
- Filz, 3 mm dick
- Engelshaar
- 20 Stk. weiße Wachsperlen, 12 mm
- goldene und rote Wachsperlen, 8 mm
- Pailletten und kleine Perlen, ca. 2,5 mm
- Stecknadeln
- Alleskleber
- Bänder zum Aufhängen und für die Masche
- Karton für Schablone
- Filzstift

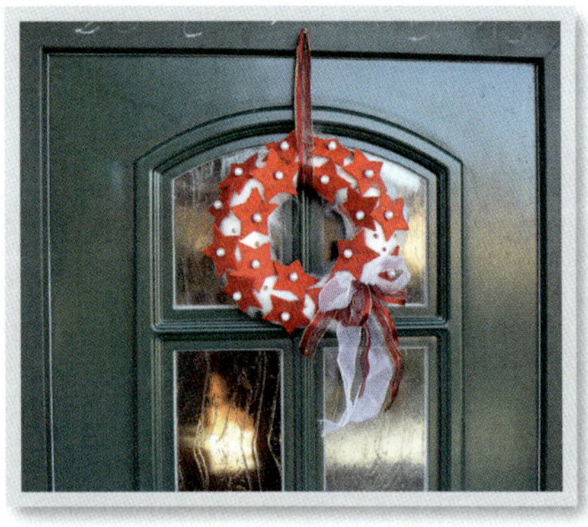

Den Stern von der Vorlage auf den Karton übertragen und ausschneiden. Mit Hilfe dieser Schablone 20 Sterne auf den Filz zeichnen und ausschneiden. Den Kranz ganz leicht mit Engelshaar umwickeln, die Sterne, auf den Kranz verteilt, auflegen und einen Tropfen Alleskleber daruntergeben. Anschließend je einen Stern gemeinsam mit einer weißen Wachsperle und einer Paillette auf eine Stecknadel auffädeln und in den Kranz hineinstecken. Dazwischen die roten und goldenen Wachsperlen mit einer kleinen Perle in den Kranz hineinstecken.
Das Band zum Aufhängen und die Masche anbringen.

Kleiner Kerzenkranz

Material

- 1 Stumpenkerze
- Styroporreifen, passend zur Größe der Kerze
- Bastelfilz, 1 mm
- verschiedene Perlen
- rote Acrylfarbe
- Pinsel
- Stecknadeln

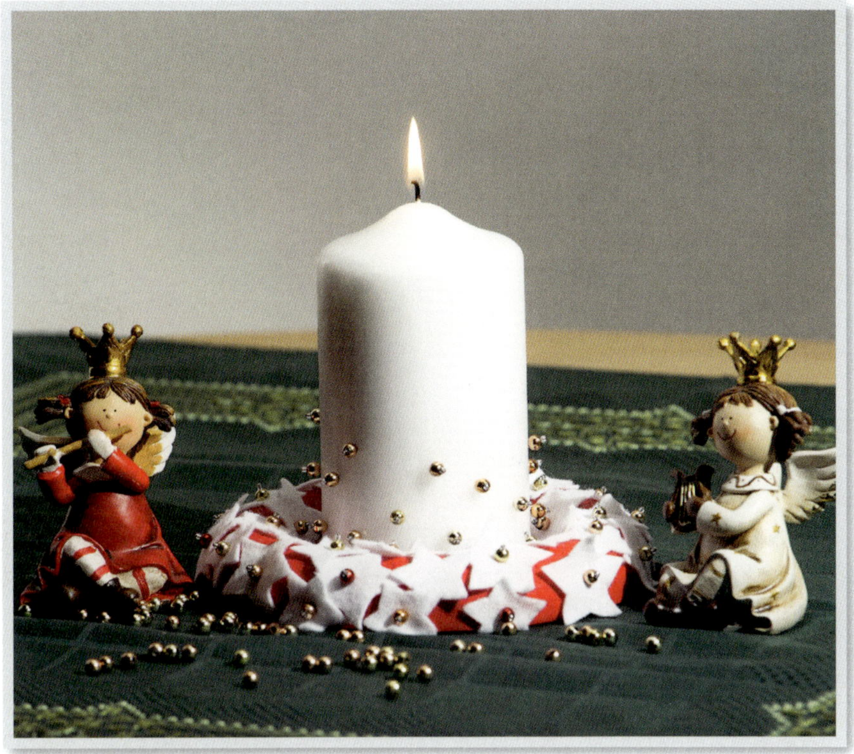

Den Styroporreifen mit der roten Farbe anmalen und gut trocknen lassen. Die Filzsterne, wie oben beschrieben, ausschneiden, auf den Reifen legen, einen Tropfen Alleskleber unter jeden Stern geben und gemeinsam mit den Perlen mit Stecknadeln auf den Reifen stecken.

TIPP

Da bei größeren Perlen das Loch für Stecknadeln zu groß ist, behilft man sich mit kleinen Perlen oder Pailletten, damit die Nadel hält. Hierfür kann man auch gut Reste verwenden.

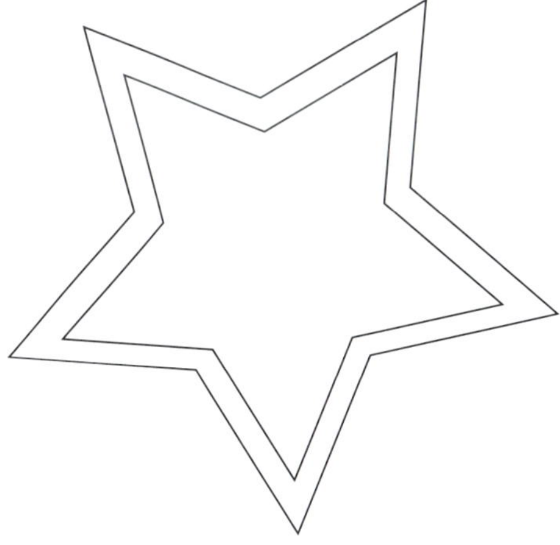

Gefalteter Papierengel

Material

- Papier, Größe ca. DIN-A4, das Papier sollte nicht zu dick sein, wie z. B. Transparentpapier, Geschenkpapier usw.
- für den Kopf Holz- oder Wattekugel (hier 2,5–3 cm)
- Band zum Abbinden und Aufhängen
- Alleskleber
- Heißklebepistole

Das DIN-A4-Blatt der Breite nach zu einer Ziehharmonika falten. Die Faltentiefe sollte so ca. 7–8 mm betragen. Ungefähr in der Mitte (genau in einer Falte) 8 cm tief einschneiden und die beiden Teile (Arme) nach unten biegen. In dieser Falte vorsichtig abbinden, ein kleines Mascherl machen und die Arme mit einem Alleskleber an das „Kleid" ankleben.
Das Band durch die Kugel fädeln, mit Heißkleber fixieren und die Kugel auf den gefalteten Engel kleben.

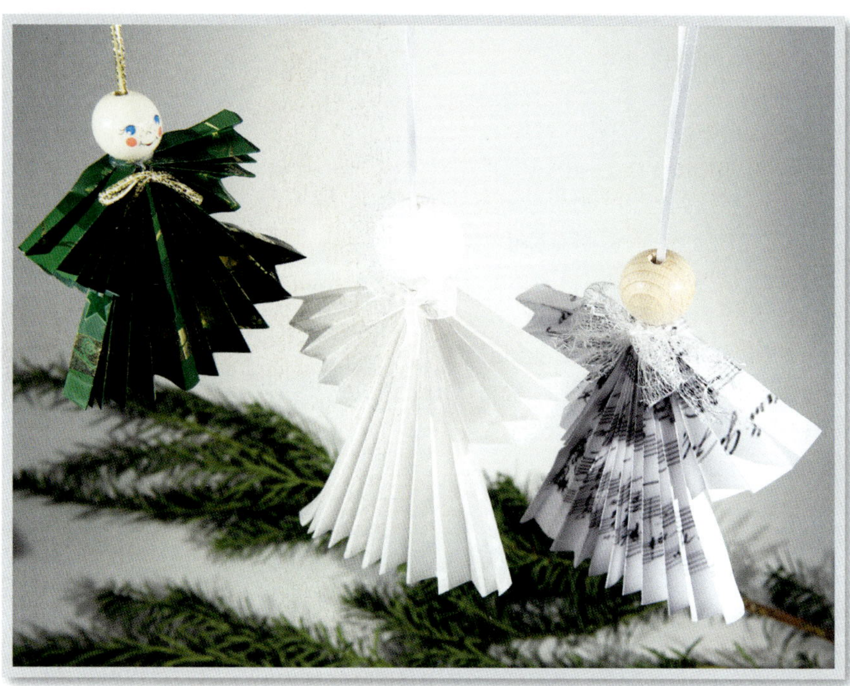

TIPP

Wenn man dem Kopf ein Gesicht verpassen möchte und nicht besonders gut zeichnen kann, gibt es auch fertige Holz-oder Wattekugeln mit aufgemalten Gesichtern im Handel (grüner Engel).

Glocken aus Blumentöpfen

Material

- Blumentöpfe
- Acrylfarbe, weiß und kupferfarben (oder eine andere Farbe Ihrer Wahl)
- Bänder für Masche und zum Aufhängen
- Holzkugel, ca. 1,5 cm, durchgebohrt
- Glitterstift
- Pinsel
- Heißklebepistole

Den Blumentopf mit weißer Farbe bemalen und gut trocknen lassen. Anschließend mit Kupfer übermalen. Mit dem Glitterstift verzieren. 40 cm Band zum Aufhängen abschneiden, doppelt durch die Holzkugel fädeln und so verknoten, dass es nicht mehr durch die Kugel rutscht. Dieses Band so durch das Loch des Blumentopfes fädeln, dass die Holzkugel innen liegt. Oben zwei kleine Maschen ankleben.

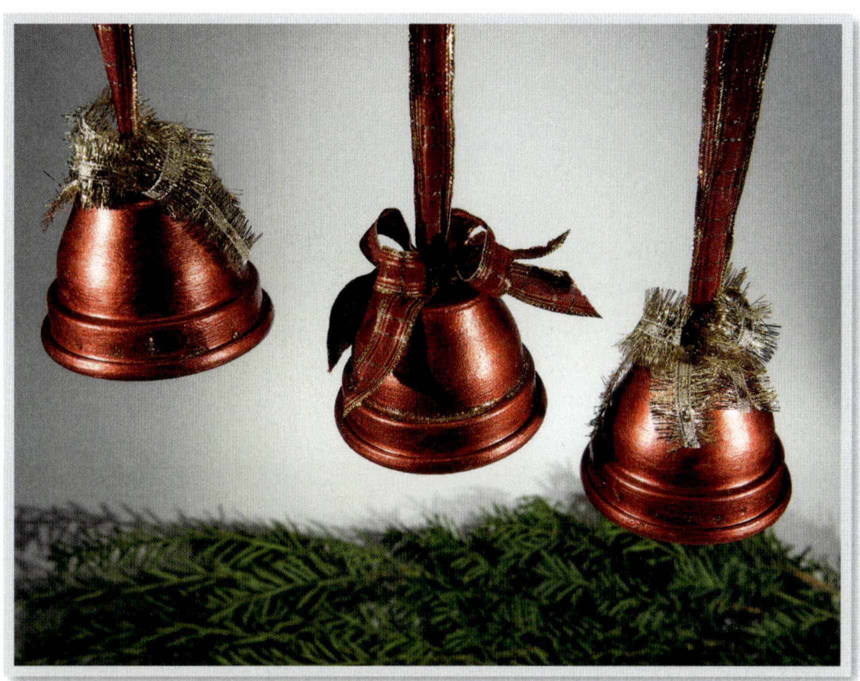

TIPP

Eine Farbe kommt nur dann gut zur Geltung, wenn der Untergrund hell ist. Deshalb zuerst mit weißer/heller Farbe anmalen und anschließend erst den gewünschten Farbton auftragen.

Deko aus Filz und Zapfen

Material

- grüner Filz, 4 mm dick
- verschieden große Zapfen oder ähnliches Naturmaterial
- weiße Acrylfarbe
- irisierender Glitter
- Stupfpinsel oder Schwämmchen
- Heißklebepistole

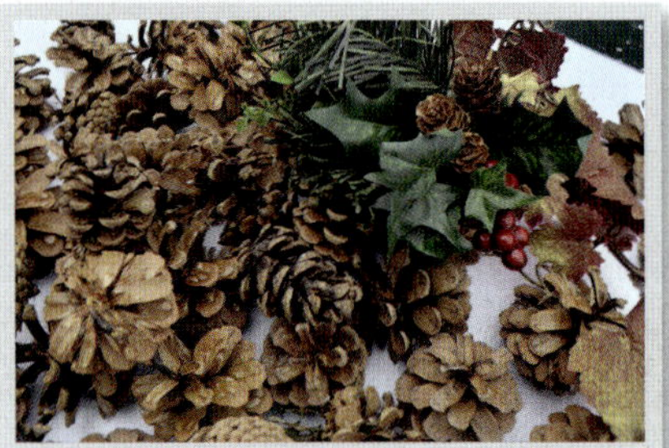

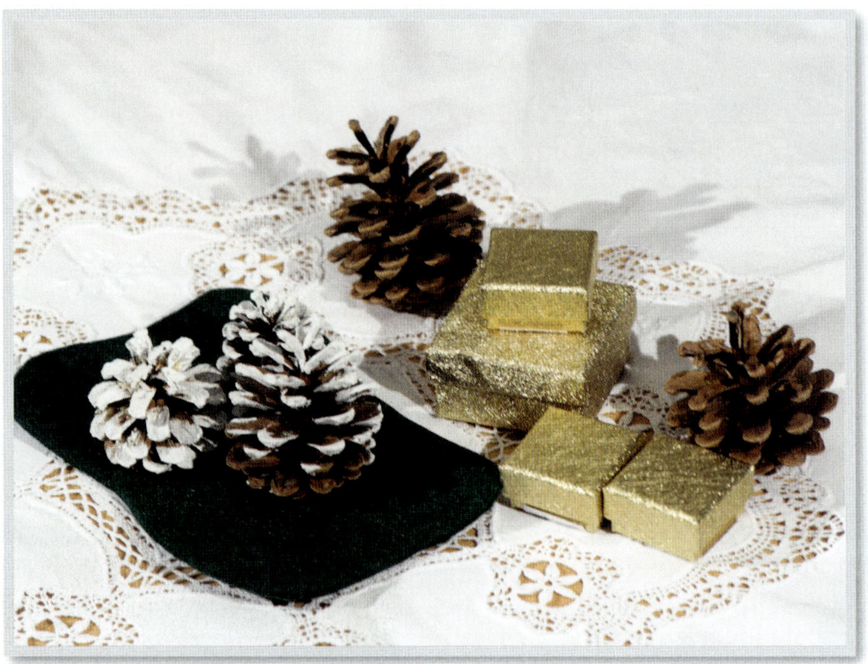

Die Zapfen wie auf der Abbildung mit weißer Farbe betupfen und sofort mit dem Glitter bestreuen, damit er in der nassen Farbe kleben bleibt. Den grünen Filz in beliebige Formen zuschneiden und die Zapfen daraufkleben.

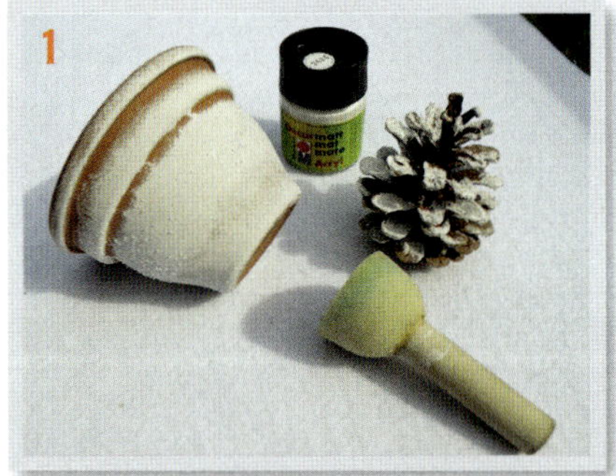
1

Die Zapfen wie auf der Abbildung mit weißer Farbe betupfen und sofort mit dem Glitter bestreuen (1).
Den Blumentopf mit wenig Farbe und dem Stupfschwamm betupfen.

Blumentopf mit Zapfen

Material

- Zapfen
- Blumentopf, 11 cm
- weiße Acrylfarbe
- weißer Filz
- Engelshaar
- Steckschwamm
- Stupfschwamm
- Heißklebepistole

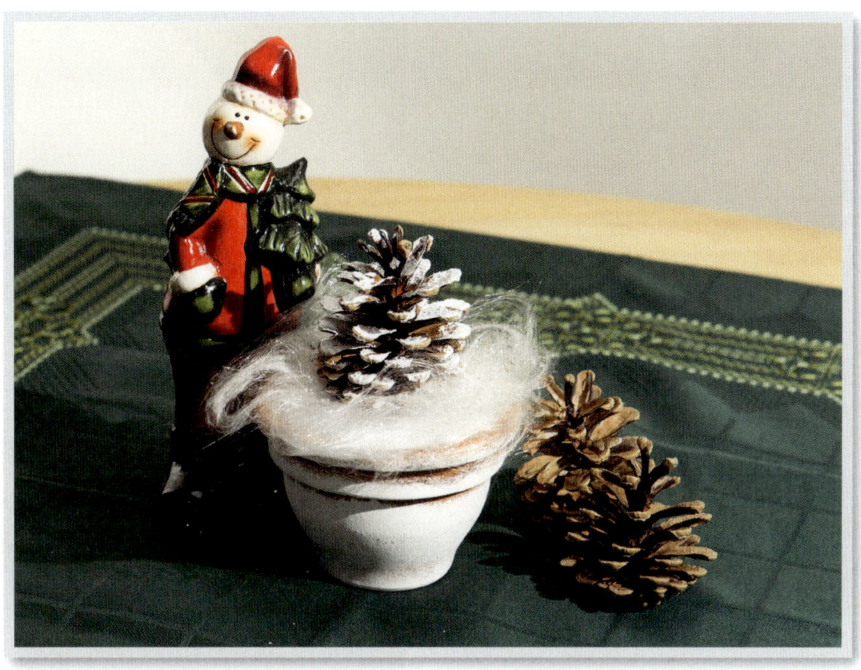

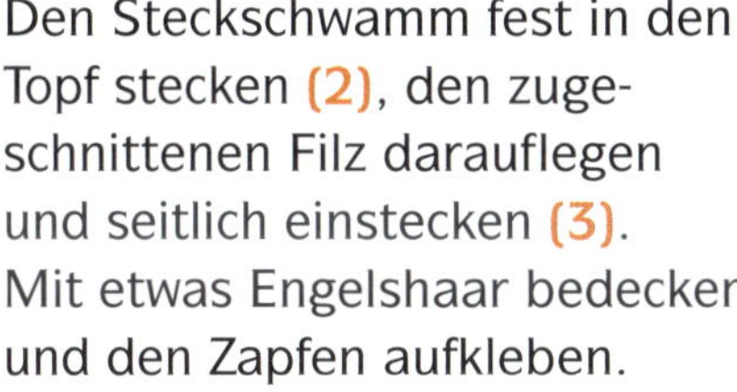

Den Steckschwamm fest in den Topf stecken (2), den zugeschnittenen Filz darauflegen und seitlich einstecken (3). Mit etwas Engelshaar bedecken und den Zapfen aufkleben.

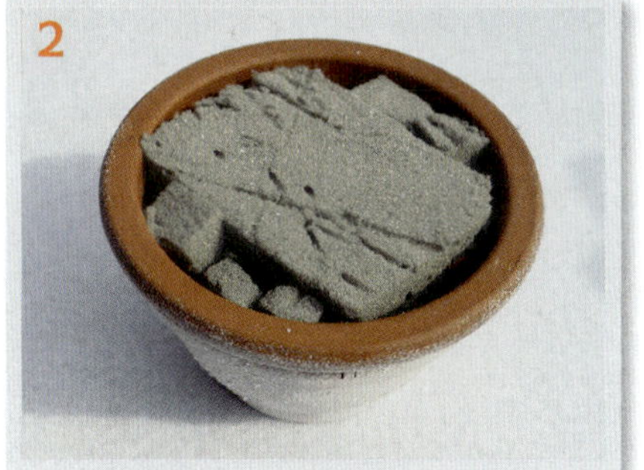

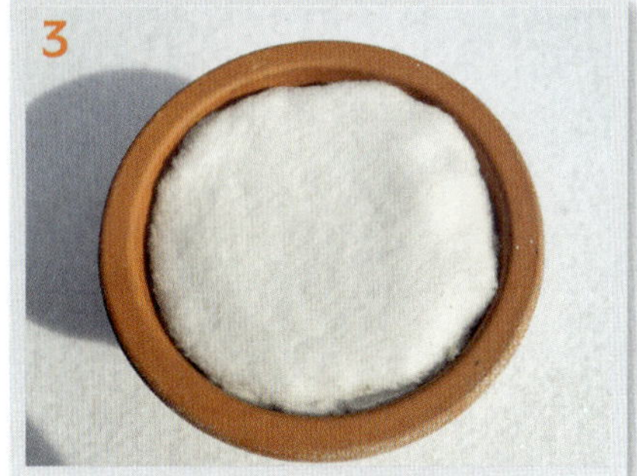

Engel aus Zapfen

Material

- Zapfen, ca. 5 cm hoch
- Holzkugel, 2,5 cm, durchbohrt
- Engelsflügel, ca. 6 x 6 cm
- Band, 40 cm lang
- Heißklebepistole

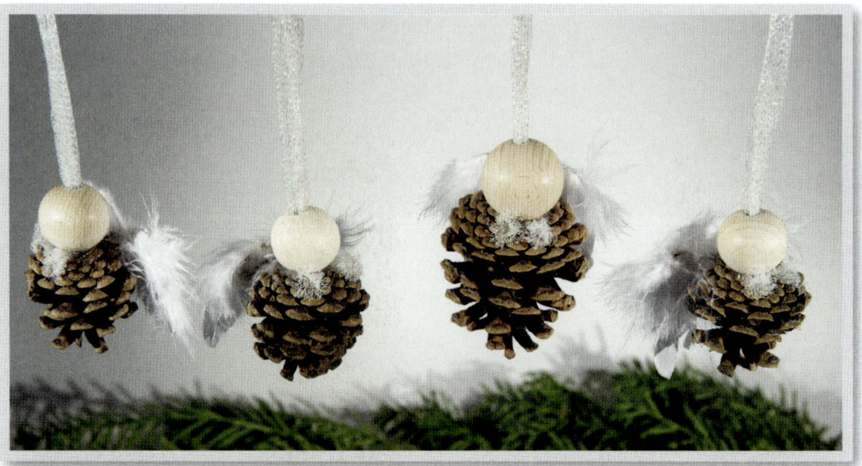

Das Band durch die Kugel ziehen (eventuell mit einer dünnen Häkelnadel), 1 cm überstehen lassen und die Kugel auf den Zapfen kleben. Auf die Flügel Heißkleber geben und auf den Zapfen kleben – etwas festhalten, bis der Kleber hart ist.

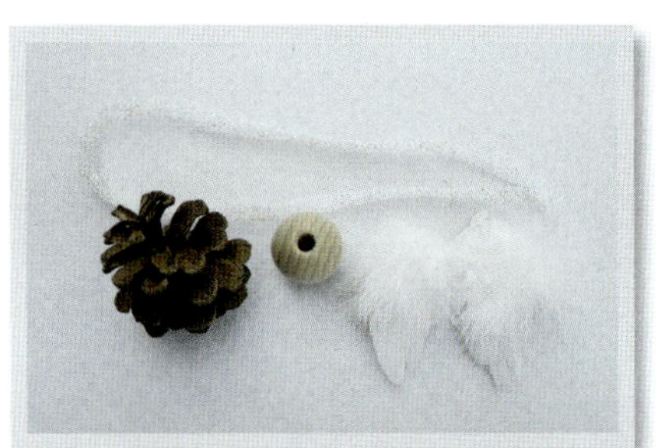

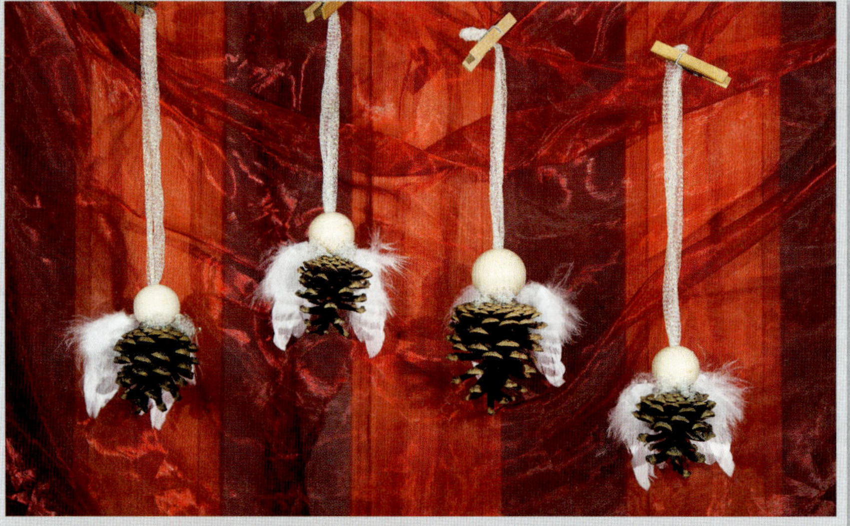

TIPP

Statt fertiger Engelsflügel können auch Blätter von Seidenblumen, Federn oder aus Karton ausgeschnittene Flügel verwendet werden.

Herzen aus Zapfen

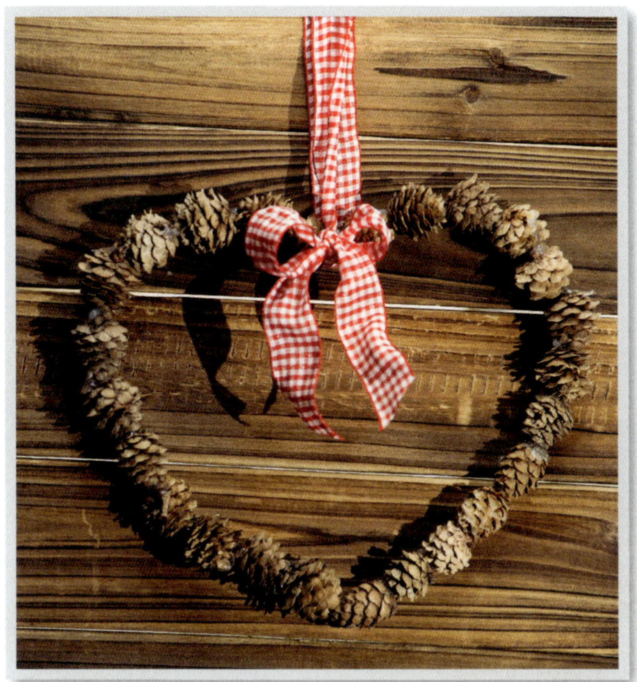

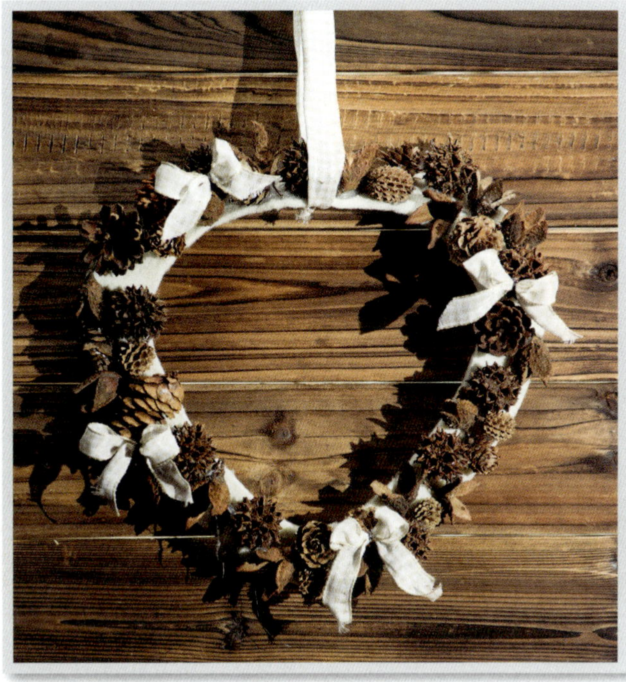

Material

- Zapfen und ähnliche Naturprodukte
- Bänder zum Aufhängen und Verzieren
- Heißklebepistole
- Metallreifen in Herzform
- Filzplatte, 3 mm stark, weiß

Mit Metallreifen

Die Zapfen wie auf dem Bild mit Heißkleber aufkleben. Wenn alle Zapfen aufgeklebt sind, ist es empfehlenswert, wenn man zur besseren Stabilität nochmals auf der Rückseite etwas Heißkleber daraufgibt. Mit einer kleinen Masche verzieren.

Mit Filz

Aus der Filzplatte eine 3 cm breite Herzform ausschneiden. Die Zapfen und Ähnliches mit der Heißklebepistole aufkleben. Zur Verzierung kleine Maschen binden und ebenso aufkleben. Zum Schluss ein Band zum Aufhängen anbringen.

Kranz aus Zapfen

Material

- Styroporreifen
- verschieden große Zapfen oder ähnliches Naturmaterial
- grüne Acrylfarbe
- Sisal
- verschiedene Perlen
- Silberdraht, 0,4 mm
- Bänder für Masche und zum Aufhängen
- Pinsel
- Heißklebepistole

Den Styroporreifen mit der grünen Acrylfarbe bemalen. Ein Band zum Aufhängen und die Masche befestigen.
Nach dem Trocknen die Zapfen und das Naturmaterial mit der Heißklebepistole auf den Reifen kleben. Mit dem Sisal kleine „Nestchen" formen und zwischen Zapfen und Co aufkleben. Die Perlen mit etwas Abstand auf den Draht fädeln und diesen um den Kranz mit den Naturmaterialen wickeln.

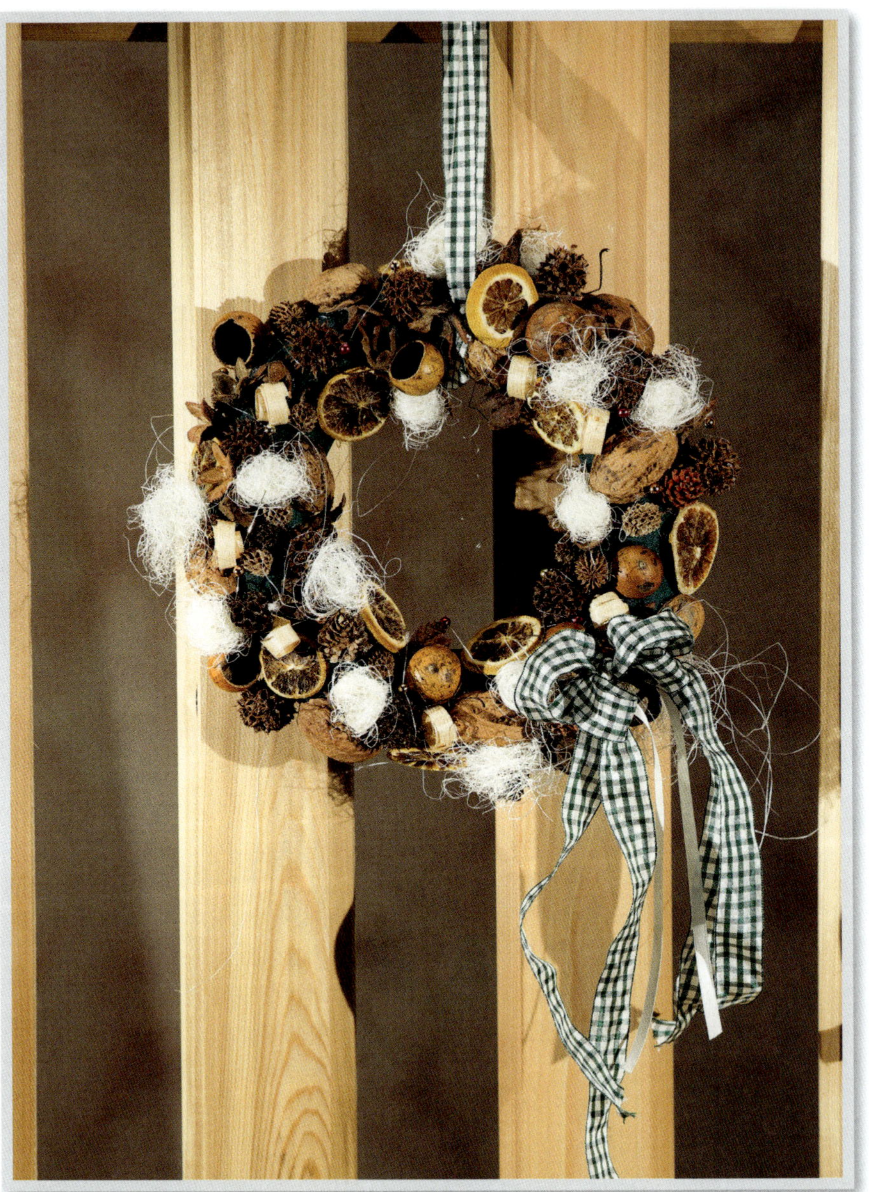

Aus unserem Programm

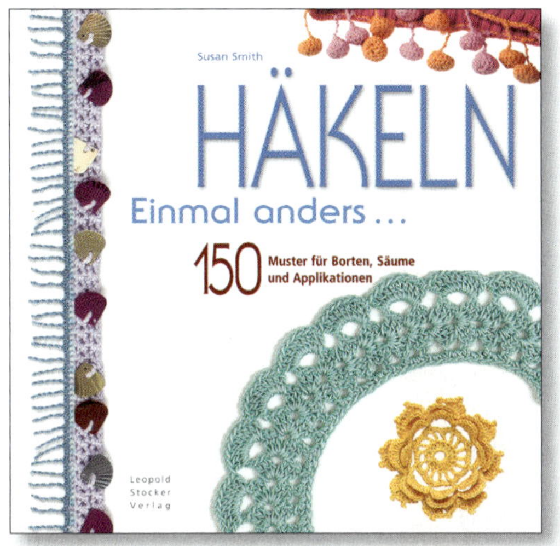

ISBN 978-3-7020-1192-5

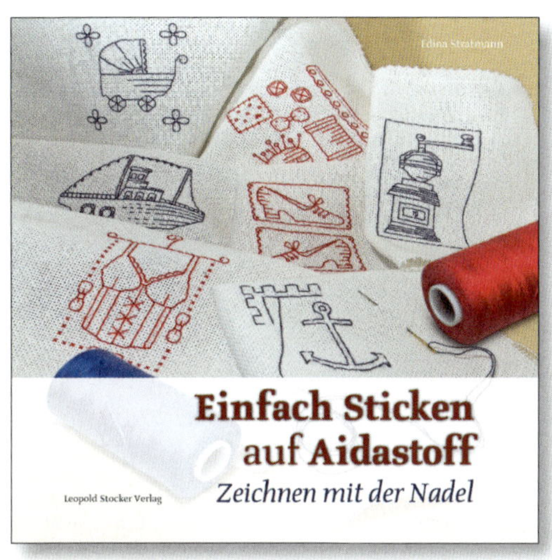

ISBN 978-3-7020-1376-9

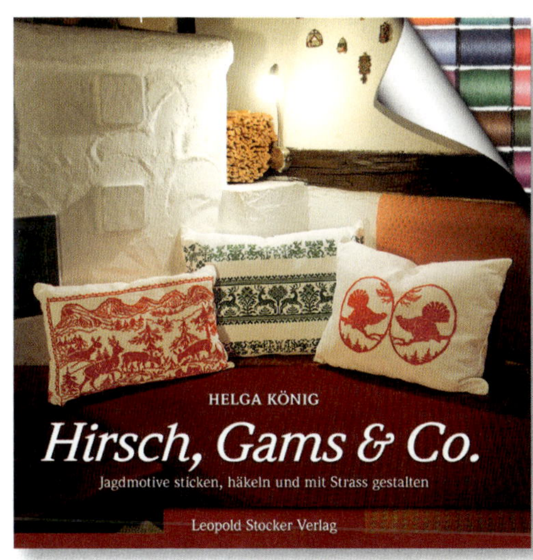

ISBN 978-3-7020-1375-2

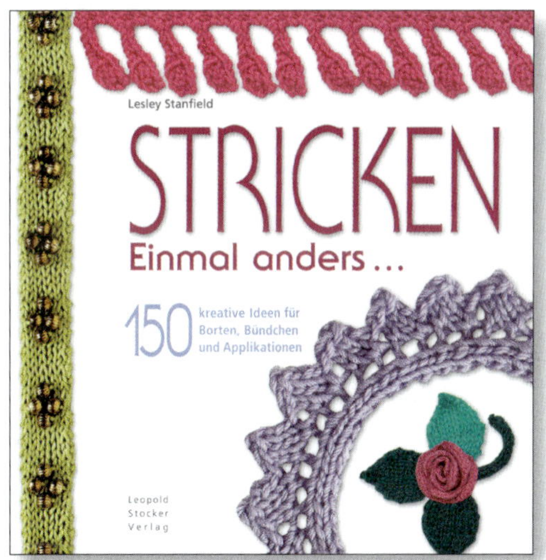

ISBN 978-3-7020-1274-8

Aus unserem Programm

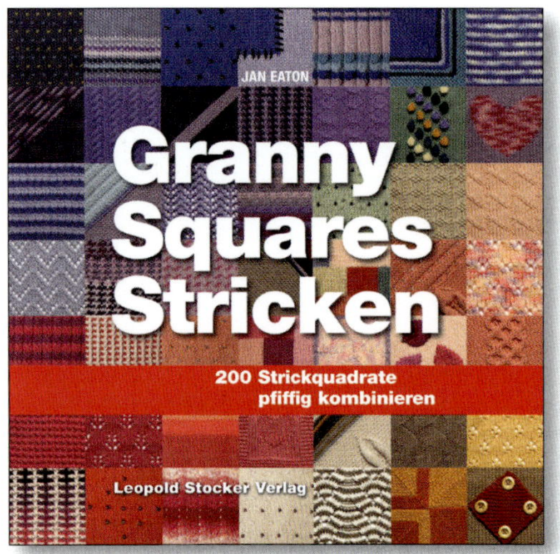

ISBN 978-3-7020-1367-7

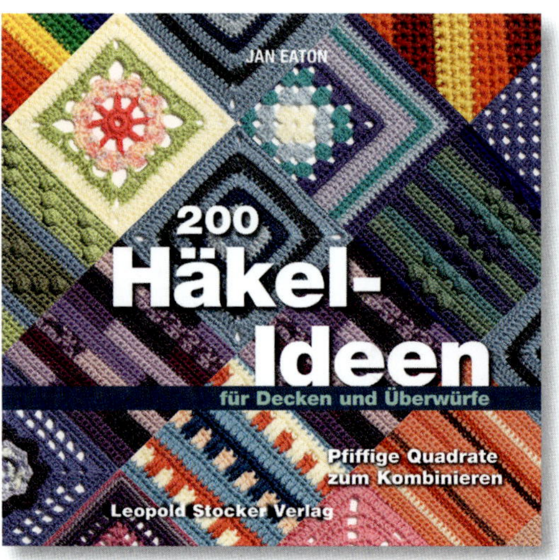

ISBN 978-3-7020-1325-7

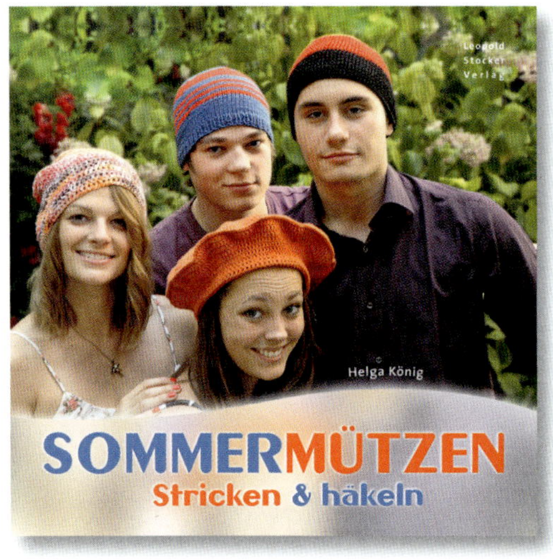

ISBN 978-3-7020-1374-5

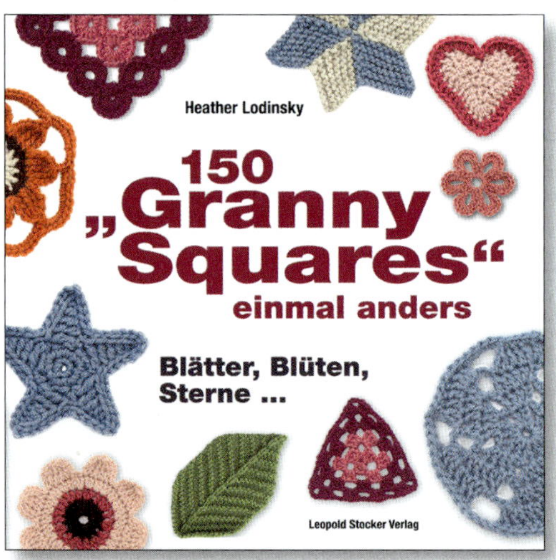

ISBN 978-3-7020-1395-0